至高の鍋

黄金の配合つゆで
メまでおいしい
一生モノレシピ
100

リュウジ

これぞリュウジ式

至高の鍋！

野菜とタンパク質をまとめて食べられるのが、鍋料理のいいところ。
鍋つゆをイチから作るリュウジ式の鍋は、一度食べたらやみつきに！

1
いつもの調味料で
圧巻の鍋つゆ！

もう、
鍋つゆを
買わない！

おいしい鍋を作るためには、なんといってもスープが命。
市販の鍋つゆも手軽でおいしいけれど、
手作りすると、ひと味違う深みのある味わいが楽しめます。
研究に研究を重ね、家にある調味料だけで最高の鍋つゆが完成！

ただでさえうまい鍋つゆで、
肉や野菜を煮込んだら、
さらにうまみが加わり、
極上のスープに！
これを放っておくわけには
いきません。
雑炊、うどん、ラーメンと
〆までぜひ味わってほしい！
具と鍋つゆが生み出す
一期一会のおいしさが、
あなたを待っています。

つゆが
うまいから！

2

メはそのまま投入するだけ！

一生使える！

3

年中食べたくなる！

シンプルから本格まで、バリエ豊富！

寄せ鍋、ちゃんこ、
キムチチゲ、もつ鍋、
火鍋、しゃぶしゃぶ、
湯豆腐、ラーメン鍋……。
定番から変わり種まで、
一生分の鍋レシピを
1冊にまとめました。
鍋界に革命を起こす
最強のメニューが集合！
鍋が食べたければ、
この本を見よ！

まずは
鍋を用意しよう！

鍋料理といえば土鍋！

ゆっくり熱が伝わるから食材のうまみや甘みを存分に引き出し、保温性が高くて料理が冷めにくいのがよいところ。土鍋のサイズは下記を参考に、作る分量に合わせて選びましょう。また、材質によりますが、基本的に土鍋で炒めるのはNG。急激な温度変化により、ひびが入ったり、割れたりする可能性があるので注意して。

1〜2人分

5〜6号（直径15〜18cm）

2〜3人分

6〜7号（直径18〜21cm）

4〜5人分

8〜9号（直径24〜27cm）

炒めるレシピは土鍋以外を

最初に肉やにんにくなどを油で炒めてから煮るレシピは、土鍋ではなく、フライパンや鍋を使ってください。

フライパン

1〜2人分で直径約20cm、3〜4人分で直径約26cmを使用。少し深さがあるものを選ぶと吹きこぼれにくくて使い勝手がよいです。

鋳物ホーロー鍋

炒め物から煮込み料理まで活躍する鋳物ホーロー鍋。この本では、ストウブのブレイザー ソテーパンの直径24cm、26cm、28cmを使用。

極上の鍋を作る調味料

市販の鍋つゆを使わなくても、家にある調味料だけで十分おいしくなります。味の決め手となる、主な調味料はこちら。

鍋つゆ

● オイスターソース：魚介のうまみが含まれているので味に深みが出る。
● 顆粒コンソメ：洋風の鍋に。固形より顆粒が使いやすい。
● うまみ調味料：昆布だし代わりに。かつお粉（P6）と一緒に使うと即席の合わせだしになる。
● 鶏ガラスープの素：顆粒タイプの中華だし。中華スープの素で代用可（分量を⅔にする）。
● 中華スープの素（ペースト）：創味シャンタン DELUXEを使用。鶏ガラスープの素で代用可（分量を1.5倍にする）。
● みそ：他でうまみを足すので、だしが入っていないタイプを選ぶ。麦みそを使用。
● コチュジャン：甘みと辛みを併せ持つ韓国調味料。
● 豆板醤：ユウキ 四川豆板醤を使用。唐辛子の辛みとみそのコクがある。
● 酒：塩分が含まれていない清酒（日本酒）を使用。料理酒を使うなら塩分が入っているので分量を調整。
● これ！うま!! つゆ：1本で味が決まる万能濃縮つゆ。白だしで代用可。白だしよりやや甘みがある。
● 白だし：ヤマキ 割烹白だしを使用。商品により塩分が違うので分量を調整して。これ！うま!! つゆで代用可。
● 豆乳：無調整を使用。
● ※アジシオ：うまみ成分を混合した塩。5章おつまみに（鍋つゆ未使用）。

油・コク出し

● バター：有塩を使用。風味づけやコク出しで炒め油としても使う。
● ラード：豚の背脂から作られたもの。うまみとコクがアップする。なければサラダ油で代用可。
● ごま油：風味が濃厚な純正ごま油を使用。香りづけで仕上げにかけることも。
● 牛脂：牛の脂肪。脂の甘みやコクにより、味の深みが増す。

仕上げ・薬味

● 小ねぎ：鍋やシメの仕上げに。刻んであるものが便利。
● ラー油：ごま油の風味と唐辛子の辛みで中華風に。
● 赤唐辛子：輪切りが便利。辛みをプラスしたいときに。
● 柚子こしょう：さわやかな香りとピリッとした辛みで味変に。
● 七味唐辛子：辛さ＋香りづけに。うどんなどシメの薬味にも。
● 一味唐辛子：辛さをプラスしたいときに。調味にも使用。
● 山椒：粉を使用。独特な香りと辛さが味変におすすめ。
● 黒こしょう：粗びきを使用。仕上げ以外に調味にも。
● 白いりごま：指でつまんでつぶしながら加えると風味がアップ。

風味

● にんにく／しょうが
スープの風味づけや具の調味に。チューブタイプより生のものをすりおろしたほうが、風味がいい。にんにくは油で炒めてにんにくチップにも。

あると本格

● 花椒（ホアジャオ）粉／五香粉（ウーシャンフェン）
花椒はさわやかな香りと舌がしびれるような辛さが特徴。五香粉は花椒、クローブ、シナモンなど5種をブレンドしたミックススパイス。どちらも中華風の鍋に。

リュウジ流
＼ 鍋作りのポイント ／

基本は材料をぶち込んで煮るだけだから、難しい工程はありません。
このポイントさえ押さえておけば、誰でもおいしく作れますよ。

POINT 1 鍋つゆのカギは「かつお粉」＋うまみ調味料で"合わせだし"に！

僕の鍋つゆに欠かせないのは、かつお節を粉状にした「かつお粉」。加えるだけで風味がダイレクトに味わえ、こす手間もありません。そして、うまみ調味料の「うまみ」は昆布にも含まれているグルタミン酸のこと。つまり、だしをとらなくても、うまみ調味料とかつお粉を入れたら、昆布とかつお節の即席合わせだしになるのです。

かつお粉の作り方

POINT
熱すると香りが立つ。
加熱時間→
2～3g：40秒
4～6g：50秒
7～8g：1分

1 かつお節を耐熱容器に入れ、ラップなしで600Wの電子レンジで加熱する。

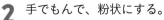

2 手でもんで、粉状にする。

かつお節は1袋2g入りなど、小分けになっているものが使いやすい。

市販の「かつお粉」をそのまま使ってもOK。

6

POINT 2 白菜は叩いて そぎ切りに

この切り方をすると断面が増えるのでトロトロに仕上がります。

白菜の葉を1枚ずつはがして包丁で叩く(叩くと切りやすくなる)。

包丁を斜めに入れて一口大のそぎ切りにする。

POINT 3 豆腐は薄めの 一口大に

鍋には煮くずれしにくい木綿豆腐がおすすめ。薄めに切ると味がしみやすい。

350gを12等分くらいに切る。半分に切ってから6等分に。

POINT 4 肉やにんにくは 先に炒める

煮込む前に炒めることで香りやコクがアップ。にんにくやしょうがは香りが立ち、肉にはしっかり味がつきます。

キムチも炒めて水分をとばすと、味が凝縮しておいしくなる。

POINT 5 野菜、肉の順に 入れる

鍋に入れる順番は、野菜→肉が基本。野菜はかたいものから先に加え、すぐに火が通るニラは最後に入れます。

肉のうまみが下の野菜にしみ込んでおいしくなる。薄切り肉は1枚ずつ広げて。

鍋の醍醐味、
メまで楽しもう！

幸せな一皿！

素材のうまみたっぷりのスープが余ったら、捨てるのはもったいない！
ご飯や麺を加えて、最後までおいしく食べよう。

雑炊に

どんな味の鍋でも合う！
〆の定番です。

POINT

ご飯は流水で洗って水気をきる。

＊ ご飯のデンプン質を洗い流すと、スープがドロドロにならない。

作り方

残った鍋を沸かし、洗ったご飯を加えて軽く煮る。

＊ 好みで塩、ラー油や七味唐辛子をかけたり、溶き卵、刻んだ小ねぎ、白すりごまを加えても（溶き卵は弱火にして加え、ふたをして1分おく）。

ラーメンに

ピリ辛やみそ系は特に合う！ 中華麺の他、焼きそば麺もおすすめ。

POINT

中華麺は袋の表示通りにゆでて水気をきる。

＊ 味が薄まるので水気をよくきってから加えて。

作り方

残った鍋を沸かし、ゆでた中華麺を加えて軽く煮る。

＊ 好みで七味唐辛子、柚子こしょう、刻んだ小ねぎなどを。

うどんに

和風のしょうゆ系や、だしのきいたスープに好相性！

POINT

うどんは袋の表示通りにゆでて水気をきる。

＊ 味が薄まるので水気をよくきってから加えて。冷凍うどんは電子レンジで加熱してもOK。

作り方

残った鍋を沸かし、ゆでたうどんを加えて軽く煮る。

＊ 好みで七味唐辛子、刻んだ小ねぎなどを。

PART 1

何度も作りたくなる!
本気でうまい
定番鍋

PART 2

シンプルだから
ラクで簡単!
素材3つ以下の鍋

PART 3

おもてなしにもおすすめ!
豪華な本格鍋

PART 4

素材のうまみを
ぐっと引き出す
無水鍋

PART **5**

野菜から揚げ物まで鍋のおともに。
箸休めおつまみ

PART **6**

ラーメン、冷凍品で手軽に楽しく！
市販品鍋

PART 7

年中使えて、食べごたえ抜群!
スープ

PART 8

1人分から食べられる
おかず鍋

STAFF

デザイン　細山田光宣・鈴木あづさ
（細山田デザイン事務所）
写真　鈴木泰介
スタイリング　本郷由紀子
編集協力　矢澤純子
調理アシスタント　双松桃子、ちょも
編集　松尾麻衣子（KADOKAWA）

協力（商品：STAUB〈ストウブ〉）
ツヴィリング J.A. ヘンケルスジャパン株式会社
TEL：0120-75-7155
株式会社デニオ総合研究所
TEL：03-6450-5711
https://www.zwilling.com/jp/staub/

PART

1

何度も作りたくなる!
本気でうまい
定番鍋

1

鶏と豚のダブル使い！極上の鍋が完成しました

究極のしょうゆちゃんこ

材料(4人分)

鶏団子

鶏ももひき肉…250g
塩…小さじ⅓
酒・水…各大さじ1
片栗粉…小さじ2½
しょうが(すりおろし)…5g

具

豚バラ薄切り肉(4〜5cm幅に切る)
　…200g
白菜(叩いて一口大にそぎ切り)
　…⅛個(300g)
長ねぎ(斜め切り)…100g
油揚げ(細切り)…2枚
舞茸(一口大にほぐす)…100g
木綿豆腐(8等分に切る)…150g
にんにく(すりおろし)…2片
ニラ(4〜5cm幅に切る)…1束(100g)

鍋つゆ

水…900mℓ
酒…100mℓ
しょうゆ…大さじ4
塩…小さじ½
みりん…大さじ1½
かつお粉(P6)…6g
うまみ調味料…8ふり

仕上げ

一味唐辛子…適量

(〆は?) 雑炊 うどん ラーメン

1 鶏団子タネを作る

鶏団子の材料をボウルに入れてよく混ぜる。

2 鍋つゆを沸かす

鍋に鍋つゆの材料を入れて混ぜ、火にかけて沸かす。

3 具を煮る

2に具(ニラ、肉以外)を入れ、沸いたら、豚肉と鶏団子を加える。ふたをして火が通るまで中火で煮る。ニラを加え、好みで一味唐辛子をかける。

POINT

鶏団子はスプーン2本で一口大に丸めながら加えて。鶏のおいしいだしが出るよ。

シャキシャキ水菜を肉で巻いて。スープも絶品！

2 至高のハリハリ鍋

材料(2人分)

具

豚バラ薄切り肉（3等分に切る）
　…250g
水菜（3〜4cm長さに切る）…200g
油揚げ（細切り）…2枚
長ねぎ（斜め切り）…½本（60g）

鍋つゆ

水…400mℓ
かつお粉（P6）…3g
うまみ調味料…5ふり
しょうゆ・オイスターソース
　…各小さじ2
塩…小さじ½

仕上げ

小ねぎ（刻む）…適量

〆は？　雑炊　うどん

1 鍋つゆを沸かす

鍋に鍋つゆの材料入れて混ぜ、火にかけて沸かす。

2 具を煮る

1に具をすべて入れ、沸いたら、ふたをして火が通るまで中火で煮る。
好みで小ねぎをのせる。

＊味変で山椒や柚子こしょうをふっても。

POINT

魚介のうまみを含むオイスターソースを鍋つゆに加えると、味に深みが出るよ。

具のだしを吸収して麺が主役に躍り出る！

3 究極のサッポロ一番みそラーメン鍋

材料(4人分)

具

サッポロ一番 みそラーメン … 1袋
豚バラ薄切り肉(4〜5cm幅に切る)
　　…200g
A｜にんにく(すりおろし)… 2片
　｜塩・こしょう…各少々
　｜ごま油…大さじ1
キムチ…180g
木綿豆腐(一口大に切る)…350g
しめじ(ほぐす)…100g

＊きのこはお好みのものでOK。

鍋つゆ

水…500mℓ
しょうゆ…大さじ½
付属のスープ… 1袋

仕上げ

小ねぎ(刻む)・白いりごま・付属の七味
　唐辛子・ラー油…各適量

> **POINT**
>
> 炒めることで肉にしっかり味がつく。キムチは水分がとんで味が凝縮。

1 豚肉とキムチを炒める

深めのフライパンに豚肉を入れて**A**をからめ、炒める。火が通ったらキムチを加え、水分が煮詰まるまで炒める。

2 具と鍋つゆを煮る

1に豆腐、しめじ、鍋つゆの材料を加え、沸いたら中火で4〜5分煮る。

3 麺を入れて仕上げる

麺を加え、小ねぎ、ごま、付属の七味唐辛子、ラー油をかける。麺をほぐしながら食べる。

＊味変に卵を加えて麺とからませてもうまい。

4

ポン酢じゃなくて、塩とのりで食べる新提案！

至高を超えた湯豆腐

材料(2人分)

具

木綿豆腐(一口大に切る)…350g
長ねぎ(斜め薄切りにして水にさらす)
　…½本(60g)

鍋つゆ

水…380㎖
塩…小さじ⅔
しょうゆ…小さじ1
かつお粉(P6)…4g
うまみ調味料…6ふり

仕上げ

塩・刻みのり…各適量

〆は？

ご飯、刻みのり、
小ねぎでお茶漬け風に!
*好みで練りわさびを添えて。

1 鍋つゆと豆腐を軽く煮る

鍋に鍋つゆの材料と豆腐を入れて火にかけ、沸騰させる。

2 長ねぎを加える

1に長ねぎを加えたら、火を止める。塩と刻みのりをかけて食べる。

POINT

長ねぎは水にさらすと辛みが抜ける。余熱で火を通し、食感も楽しんで。

プリップリの牡蠣と濃厚なみそスープ!

5 至高の牡蠣鍋

材料(2人分)

具

冷凍牡蠣…250g(解凍後200g)
A │ 塩…小さじ1弱
　│ 片栗粉…大さじ1
白菜(叩いて一口大にそぎ切り)
　…100g
舞茸(一口大にほぐす)…100g
長ねぎ(斜め切り)…½本(60g)
木綿豆腐(8等分に切る)
　…150g

鍋つゆ

かつお粉(P6)…3g
水…280㎖
みりん・みそ…各大さじ2
酒…大さじ1
うまみ調味料…6ふり

準備

牡蠣は塩水(分量外)に浸けて解凍し、水気をきる。Aをもみ込んでよく洗う。

＊自然解凍する場合は、重ならないように
　バットに並べ、冷蔵庫に入れて解凍。

1 鍋つゆを沸かす

鍋に鍋つゆの材料(みそ以外)を入れて火にかけ、沸いたら、みそを混ぜ溶かす。

2 具を煮る

1に具(牡蠣以外)を加え、沸いたら、ふたをして柔らかくなるまで中火で10〜15分煮る。

3 牡蠣を加える

牡蠣を加え、沸いたら、再びふたをして3〜4分煮る。

＊味変で七味唐辛子をかけても。

〆は?
(雑炊)
ご飯、塩、溶き卵で雑炊に!

POINT
牡蠣は火を通しすぎるとかたくなるので最後に入れて。

柔らかい肉と味しみ大根がたまらない!

肉おでん

材料（4人分）

具

大根（皮をむいて1.5cm幅に切り、
　　隠し包丁を入れる）
　　…½本（450gほど）
豚バラかたまり肉
　（大きめの一口大に切る）
　　…300〜350g
鶏もも肉（6等分に切る）
　　…300〜350g
ゆで卵…4個

鍋つゆ

水…900mℓ
白だし…大さじ4
オイスターソース…大さじ1
塩…小さじ½

仕上げ

練りからし…適量

1 具と鍋つゆを煮る

鍋に具と鍋つゆの材料を入れて強火にかけ、沸騰したらアクを取る。
大根が柔らかくなるまで、ふたをして弱中火で50〜60分煮て（ときどき大根をひっくり返す）、火を止めて30分冷まして味をしみこませる。
再び温め、好みでからしを添える。

POINT

大根は味がしみるように十文字に切れ込みを入れて。好みでちくわなどを入れてもOK。

PART
1
定番

焼肉屋さんの味! 具だくさんの食べるスープ!

至高のカルビスープ

材料（4人分）

具

牛薄切り肉または牛バラ薄切り肉
　（一口大にちぎる）…250g
にんじん（せん切り）…½本（60g）
にんにく（すりおろし）…1片
しょうが（すりおろし）…5g
もやし…200g
ニラ（4～5cm幅に切る）
　…½束（50g）
溶き卵…1個分
塩・こしょう…各適量
ごま油…小さじ2

鍋つゆ

水…800mℓ
中華スープの素（ペースト）…小さじ1
しょうゆ…大さじ2½
一味唐辛子…小さじ1
コチュジャン…小さじ2
うまみ調味料…8ふり
砂糖…小さじ4
牛脂…1個

＊中華スープの素は鶏ガラスープの素小さじ½でもOK。

仕上げ

ラー油・白いりごま…各適量

 ご飯を入れると、
カルビクッパに!
〆は？　（雑炊）

1 牛肉を炒める

鍋にごま油を熱し、牛肉を入れて塩・こしょうをふり、炒める。

2 鍋つゆと具を煮る

1に鍋つゆの材料を加えて沸かし（アクが出たら取る）、具（ニラと卵以外）を加える。沸いたら、弱火にして溶き卵をまわし入れ、かたまったら、ニラを加える。
ラー油、ごまをかける。

＊味変で追いコチュジャンも。

POINT

牛脂でスープにコクを（ラードでもOK）。辛いのが苦手なら一味唐辛子の量は調整して。

27

オールスター集合。史上最高のハーモニー！

8 至高の寄せ鍋

材料(4人分)

具

鶏もも肉(一口大にそぎ切り)…300g
タラ(1切れを半分に切る)…2切れ
えび(好みで殻をむいて背ワタを取る)
　…7尾
白菜(叩いて一口大にそぎ切り)
　…⅛個(300g)
水菜(4㎝幅に切る)…100g
にんじん(薄い半月切り)…½本(60g)
えのきだけ(石づきを切り落として
　長さを半分に切る)…1袋(200g)
木綿豆腐(一口大に切る)…150g
マロニーちゃん…30〜50g

*えびはあればでOK。きのこはお好みのもので。
*タラはさけなど他の切り身でもOK。
*「マロニーちゃん」はじゃがいもでんぷんが主材
　料の麺で煮くずれしにくい。

鍋つゆ

かつお粉(P6)…8g
水…900㎖
酒…100㎖
うまみ調味料…8ふり
塩…小さじ1⅓
しょうゆ・みりん…各大さじ2

  マロニーちゃん(20〜30g)、ご飯、塩、溶き卵で雑炊に!
〆は?
雑炊
*刻んだ小ねぎ、ごまをふる。

1 鍋つゆを沸かす

鍋に鍋つゆの材料を入れて火にかけ、沸騰したら弱火で1〜2分煮る。

2 具を煮る

具(マロニーちゃん以外)を加え、沸騰したら、ふたをして中火で10〜15分煮る。マロニーちゃんを加え、さらに5分ほど煮る。

*食べるとき、好みで塩を足して。

POINT

鍋つゆは少し煮て味を出し、アルコールをとばす。好みでこすと、より高級感がUP。

9 至高のしゃぶしゃぶ

材料（2〜3人分）

具

＊材料や分量はお好みで

牛ロース薄切り肉…適量
豚バラ薄切り肉…適量
豚ロース薄切り肉…適量
水菜（ざく切り）…½束
長ねぎ（斜め切り）…1本（120g）
にんじん（せん切り）…½本（60g）
えのきだけ（石づきを切り落としてほぐす）
　…½袋（100g）

しゃぶつゆ

水…400mℓ
酒…200mℓ
昆布茶…小さじ2

かつお酢じょうゆだれ

しょうゆ…大さじ3
酢…大さじ1
砂糖…小さじ1
うまみ調味料…3ふり
かつお粉（P6）…1つまみ

＊味変で柚子こしょうを。

ごまだれ

白練りごま…大さじ2
しょうゆ…小さじ4
砂糖・ごま油・酢…各大さじ1
うまみ調味料…3ふり
にんにく（すりおろし）…少々

〆は？ （雑炊）　ご飯、塩、溶き卵、
小ねぎで雑炊に！

1 たれを作る

2種のたれの材料をそれぞれ混ぜ合わせる。

2 しゃぶつゆを作る

鍋に酒を入れて沸かし、1〜2分煮てアルコールをとばしたら、水、昆布茶を加える。

3 具を入れる

野菜を入れて軽く煮たら、肉をしゃぶしゃぶし、たれにつけて食べる。

POINT

昆布茶が昆布だしの役割をする。なければ、うまみ調味料＋塩でも代用可。

くせになる辛さ。チーズのコクがやばい！

 10 至高のプデチゲ

材料(4人分)

具

辛ラーメン… 1袋
豚バラ薄切り肉（3等分に切る）
　…200g
A｜にんにく（すりおろし）… 5g
　｜しょうが（すりおろし）… 5g
　｜ごま油…大さじ1
キムチ…160g
玉ねぎ（約1cm幅に切る）…½個
えのきだけ（長さを半分に切る）
　…½袋（100g）
ソーセージ（斜めに2等分）
　…150g
木綿豆腐（一口大に切る）…150g
ニラ（3～4cm幅に切る）…½束（50g）

鍋つゆ

水…800mℓ
B｜コチュジャン…大さじ2
　｜酒…大さじ1
　｜中華スープの素（ペースト）
　｜　…小さじ⅔
　｜辛ラーメン付属の粉末スープ…1袋

仕上げ

ピザ用チーズ…60g

〆は？  雑炊

1 肉とキムチを炒める

鍋に豚肉を入れてAをからめ、炒める。
火が通ったら、キムチを加えて炒める。

2 鍋つゆと具を煮る

混ぜ合わせたBと水を加え、残りの具(ニラ以外)、麺、付属のかやくを加えて強火にかける。
沸いたら中火にしてニラを加え、軽く煮る。
チーズを加えて溶かす。

＊好みで追いチーズを。

POINT

辛ラーメンの麺は伸びにくいのでおすすめ。野菜は好みで。鶏肉でもおいしいよ。

もつの食感が最高！にんにく風味が広がる本格派

 11

至高のもつ鍋

材料（4人分）

具

牛もつ（下ゆでしたもの）…360g
キャベツ（ざく切り）…350g
もやし…200g
ニラ（4～5cm幅に切る）…½束（100g）
にんにく（すりおろし）…2片

鍋つゆ

水…650mℓ
酒…150mℓ
みりん…60mℓ
しょうゆ…大さじ2
かつお粉（P6）…5g
塩…小さじ½
砂糖…小さじ1
中華スープの素（ペースト）…小さじ1½
うまみ調味料…3ふり

仕上げ

にんにく（薄切り）…3片
赤唐辛子（輪切り）・白いりごま…各適量

〆は？ 雑炊 うどん ラーメン

1 鍋つゆ、牛もつ、キャベツを煮る

鍋に鍋つゆの材料を入れて火にかけ、沸騰したら、牛もつ、キャベツを加えて煮る。

2 残りの具を煮る

火が通ったら、にんにく、もやし、ニラを加えて軽く煮る。
仕上げのにんにく、赤唐辛子、ごまを指でつぶしながら散らす。

POINT

にんにくのすりおろしは味つけに、薄切りはトッピングをして風味をアップ！

モリモリ食べちゃう、すっぱ辛さ！

12 サンラータン鍋

材料(3～4人分)

具

豚バラ薄切り肉(4～5cm幅に切る)
　…280g
白菜(叩いて一口大にそぎ切り)
　…⅛個(300g)
にんじん(薄い半月切り)…80g
しめじ(ほぐす)…150g
木綿豆腐(一口大に切る)…175g
キクラゲ(乾燥)…4g

鍋つゆ

水…550mℓ
これ!うま!!つゆ(または白だし)
　…大さじ1
鶏ガラスープの素…小さじ4
塩…小さじ¼
うまみ調味料…5ふり
しょうゆ…小さじ5
酒…大さじ1
ごま油…大さじ1

仕上げ

酢…大さじ2
小ねぎ(刻む)・黒こしょう・ラー油
　…各適量

〆は?　(雑炊)　(ラーメン)

1 鍋つゆと具を煮る

鍋に鍋つゆの材料と具を入れて火にかけ、
沸いたらふたをして中火で15分煮る。
酢をまわしかけ、小ねぎ、黒こしょう、
ラー油をかける。

POINT

キクラゲは乾燥のまま入れて煮
ながら戻していくよ。

圧力鍋で鶏のうまみが凝縮。 肉がホロホロに！

13 至高のサムゲタン

材料（3〜4人分）

具

手羽先…400g
手羽元…300g
長ねぎ（ぶつ切り）…100g
にんにく（薄切り）…3片
しょうが（薄切り）…15g
白米…大さじ3

スープ

水…600mℓ
酒…80mℓ
塩…小さじ⅔
うまみ調味料…2ふり

仕上げ

黒こしょう…適量
塩・ごま油…各適量

1 具とスープを煮る

圧力鍋に具とスープの材料を入れ、沸騰してからふたをし、圧をかけて30分加熱する。黒こしょうをふり、塩やごま油をかけて食べる。

＊圧力鍋がない場合は、1時間半ほど煮る。

POINT

圧力鍋は圧が抜けたらふたを開けるよう注意。加熱後、肉の骨を取って（するっと抜ける）盛りつけると食べやすいよ。

濃厚なちょい辛スープで箸がどんどん進みます！

14

悪魔のみそバター鍋

材料（3〜4人分）

具

豚バラ薄切り肉（4〜5cm幅に切る）
　…300g
キャベツ（ざく切り）…250g
木綿豆腐（一口大に切る）…175g
もやし…200g

鍋つゆ

水…500ml
かつお粉（P6）…5g
にんにく（すりおろし）…2片
しょうが（すりおろし）…10g
みりん…大さじ2
砂糖…小さじ1
酒…50ml
ごま油…大さじ1
みそ…大さじ4
豆板醤…小さじ2
うまみ調味料…小さじ⅔
黒こしょう…適量

仕上げ

バター…15g
小ねぎ（刻む）・一味唐辛子…各適量

〆は？

（雑炊）（うどん）（ラーメン）

1 鍋つゆと具を煮る

鍋に鍋つゆの材料と具（もやし以外）を入れて火にかけ、沸騰したら、ふたをして中火で10分煮る。

2 もやしを加える

もやしを加えて軽く煮たら、バター、小ねぎ、一味唐辛子を加える。

POINT

シャキシャキの食感を残したいので、もやしは最後に加えてね。

15

まろやかなスープがしみじみウマイ！

豚ねぎ豆乳しゃぶしゃぶ鍋

材料（2人分）

具

豚バラ薄切り肉…200g
木綿豆腐（8等分に切る）…150g
長ねぎ（斜め薄切り）…1本（120g）

鍋つゆ

豆乳（無調整）…300mℓ
酒…大さじ1
白だし…大さじ3
重曹（食用）…1つまみ

POINT

重曹を入れると豆乳が分離
しにくく、豆腐の食感もとろ
っとなめらかで濃厚になる。

1 鍋つゆ、豆腐を煮る

鍋に鍋つゆの材料を入れて火にか
け、ふつふつと沸いたら、豆腐を
加えて弱火にする。

2 しゃぶしゃぶする

長ねぎを加えて軽く火を通したら、
豚肉をしゃぶしゃぶして食べる。

〆は？

雑炊

＊好みでラー油を
かけても。

PART

2

シンプルだから
ラクで簡単!
素材3つ以下の鍋

16

肉の脂たっぷりのコクうまスープ！

肉油鍋

材料（4人分）

具

キャベツ（ざく切り）…500g
豚バラ薄切り肉（3等分に切る）…300g
もやし…200g
にんにく（みじん切り）…4片

鍋つゆ

水…500ml
酒…100ml
かつお粉（P6）…6g
うまみ調味料…12ふり
しょうゆ…大さじ4
オイスターソース…大さじ1
鶏ガラスープの素…小さじ1
砂糖…大さじ½
ラード（またはサラダ油）…大さじ3
黒こしょう…適量

1 鍋つゆと具を煮る

鍋に鍋つゆの材料と具を入れて火にかける。沸いたら、ふたをして火が通るまで中火で煮る。

〆は？

雑炊

うどん

ラーメン

POINT

もやしのシャキシャキ感が残るくらいで火を止めて。ラードの代わりにサラダ油でもOKだけど、ラードがおすすめ！

17

世界一おいしい
長ねぎの食べ方です！

ねぎ鍋

材料（2人分）

具

長ねぎ（鍋の高さに合わせてぶつ切り）
　　…2〜3本（300g）
豚バラ薄切り肉（3等分に切る）…200g

鍋つゆ

かつお粉（P6）…4g
水…300㎖
酒…大さじ3
うまみ調味料…5ふり
塩…小さじ½
ごま油…大さじ2

レモンじょうゆ

レモン（汁を搾る）…⅛個
しょうゆ…大さじ1

1 具を入れる

鍋の中心に長ねぎを立てて入れ、
周りに豚肉を入れる。

2 鍋つゆを加えて煮る

鍋つゆの材料を加えて火にかけ、
沸いたら、ふたをして弱めの中火
で20分煮る。
塩少々（分量外）か、レモンじょう
ゆにつけて食べる。

〆は？

（雑炊）

（うどん）

（ラーメン）

POINT

長ねぎを縦方向に箸でさいて開き、
豚肉と一緒に食べてね。

あっさり、ヘルシーだけど大満足！

18 ねぎ塩湯豆腐

材料(2人分)

具

絹豆腐(スプーンで大きめ
　一口大にすくう)…300g
長ねぎ(斜め薄切り)…60〜70g
にんにく(みじん切り)…1片

鍋つゆ

水…200mℓ
鶏ガラスープの素…大さじ½
オイスターソース…小さじ1
黒こしょう…適量

仕上げ

塩・ラー油・ごま油・レモン汁
　…各適量

1 鍋つゆと豆腐を煮る

小鍋に鍋つゆの材料、豆腐、にんにくを入れて火にかけ、沸いたら少し煮る。

2 長ねぎを加える

長ねぎを加え、軽く火を通す。好みで塩、ラー油、ごま油、レモン汁で食べる。

POINT

オイスターソースで味に深みを。肉や卵を入れてもうまいよ。

＼〆は？／

（うどん）

19

素材のポテンシャルを最大限に生かす！

至高の鶏鍋

材料（4人分）

具

鶏もも肉（一口大に切る）…300g
長ねぎ（ぶつ切りにする）…１本（120g）
キャベツ（大きめに切る）…300g
春雨（湯で戻す）…40g
塩…適量

鍋つゆ

水…500㎖
酒…50㎖
これ！うま!!つゆ（または白だし）
　…大さじ２
鶏ガラスープの素…小さじ２
オイスターソース…大さじ½
塩…小さじ⅓

にんにくチップ

にんにく（薄切り）…２片
ごま油…大さじ１

仕上げ

小ねぎ（刻む）…適量

準備

鍋にごま油を熱し、にんにくを柴犬色に炒め、にんにくチップを作る。

1 鶏肉、長ねぎ、キャベツを炒める

鶏肉に強めに塩をふり、にんにくチップを炒めた鍋に、長ねぎとともに焦げ目がつくまで炒める。キャベツも加えて焼き色をつける。

2 鍋つゆを加えて煮る

鍋つゆの材料を加えて沸いたら、ふたをして中火で15分煮る。春雨を加え、ひと煮立ちさせる。小ねぎ、にんにくチップをのせる。

POINT

鶏肉、長ねぎ、キャベツの焼き目で香ばしい風味をプラス。

〆は？

雑炊

ご飯、卵、小ねぎで雑炊に！

ついつい食べちゃう刺激的な辛さ!

20

地獄鍋

材料(2〜3人分)

具

豚バラ薄切り肉(4〜5cm幅に切る)
　…200g
キャベツ(ざく切り)…250g
木綿豆腐(一口大に切る)…150g

鍋つゆ

水…200mℓ
みそ…小さじ5
中華スープの素(ペースト)…小さじ1弱
うまみ調味料…6ふり
酒…大さじ1
一味唐辛子…小さじ1½

＊中華スープの素は鶏ガラスープの素小さじ1½弱でもOK。

仕上げ

にんにく(すりおろし)…2片
小ねぎ(刻む)・白いりごま・糸唐辛子…各適量

1 鍋つゆと具を煮る

鍋に鍋つゆの材料を入れて混ぜ、具を加えて火にかける。沸騰したら、ふたをして弱火で15分煮る。にんにくを加えてさらに5分煮て、小ねぎ、ごま、糸唐辛子をのせる。

POINT

辛さレベルは一味唐辛子の量で調整して。

〆は？

(ラーメン)

小ねぎ、ごまを
加えてラーメンに!

鶏だしのやさしい味が体にしみわたる！

21

鶏と大根の塩鍋

材料（2〜3人分）

具

鶏もも肉（一口大に切る）…350g
大根（薄い半月切り）…300g

鍋つゆ

水…350mℓ
酒…50mℓ
にんにく（すりおろし）…1片
しょうが（すりおろし）…5g
塩…小さじ1

仕上げ

ラー油・黒こしょう…各適量

1 鍋つゆと具を煮る

鍋に鍋つゆの材料と具を入れて火にかけ、沸騰したら、ふたをして中火で15分煮る。好みでラー油、黒こしょうをかける。

〆は？

（雑炊）

POINT

味をみて足りなければ、うまみ調味料3ふりを加えて。

22

鶏のうまみと白菜の甘みを堪能！

鶏と白菜だけの白鍋

材料（4人分）

具

鶏もも肉（一口大に切る）…350g
A ┃ 塩…2つまみ
　 ┃ 片栗粉…大さじ1
白菜（ざく切り）…350g

鍋つゆ

水…500mℓ
酒…50mℓ
これ！うま!!つゆ（または白だし）
　　…大さじ3
塩…小さじ⅓

仕上げ

柚子こしょう・ラー油・黒こしょう
　　…各適量

準備

鶏肉にAをからめる。

1 鍋つゆと具を煮る

鍋に鍋つゆの材料、白
菜、鶏肉を入れて火に
かけ、沸騰したら、ふ
たをして火が通るまで
中火で煮る。好みで柚
子こしょう、ラー油、
黒こしょうで食べる。

POINT

鶏肉に片栗粉をからめてい
るので、スープにとろみが
つくよ。

とろとろの半熟卵がみそスープに合う！

23 鶏みそたまご鍋

材料(2人分)

具

鶏もも肉(一口大に切る)…300g
白菜(ざく切り)…250g
長ねぎ(斜め切り)…½本(60g)

鍋つゆ

かつお粉(P6)…3g
うまみ調味料…5ふり
水…280㎖
酒…50㎖
みりん…30㎖
みそ…大さじ2½
にんにく(すりおろし)…1片

仕上げ

卵…2個
小ねぎ(刻む)・七味唐辛子…各適量

1 具と鍋つゆを煮る

鍋に具と鍋つゆの材料を入れて火にかけ、沸騰したら、ふたをして中火で15分煮る。

2 卵を加える

卵を落とし入れ、半熟になったら、小ねぎと七味唐辛子をかける。

POINT

半熟卵をくずし、具とからめながら食べるとおいしいよ。

〆は？

うどん

51

豆乳でピリ辛なキムチがまろやかに！

豆乳豚キムチ鍋

24

材料（2〜3人分）

具

豚バラ薄切り肉（3等分に切る）…200g
キャベツ（ざく切り）…200g
キムチ…200g

鍋つゆ

豆乳（無調整）…150㎖
酒…100㎖
みそ…大さじ1
白だし…大さじ1½
にんにく（すりおろし）…1片

仕上げ

小ねぎ（刻む）・白いりごま・ラー油
　…各適量

1 鍋つゆと具を煮る

鍋に鍋つゆと具を入れて火にかけ、ふつふつ沸いたら、ふたをして弱火で約25分煮る。小ねぎとごまをふり、たっぷりのラー油をかける。

〆は？

うどん

卵を落として
うどんに！

*小ねぎをふる。

POINT

豆乳の分離を防ぐため、沸騰させないように弱火でゆっくり火を入れて。

52

にんにくチップと黒こしょうでパンチを！

25

大根の ひらひら 黒こしょう鍋

材料(2～3人分)

具

大根(ピーラーでスライス)…350g
豚バラ薄切り肉
　(4～5cm幅に切る)…260g
長ねぎ(斜め薄切り)…½本(60g)

鍋つゆ

かつお粉(P6)…2g
水…250㎖
酒…50㎖
鶏ガラスープの素…小さじ2
塩…小さじ½

にんにくチップ

にんにく(薄切り)…3片
ラード(またはサラダ油)…大さじ1

仕上げ

黒こしょう…適量

準備

フライパンにラードとにんにくを入れて柴犬色に炒め、にんにくチップを作る。

1 具と鍋つゆを煮る

鍋に具と鍋つゆを入れて火にかけ、沸騰したら、ふたをして中火で15分煮る。にんにくチップをのせ、黒こしょうをふる。

POINT

ピーラーで薄くスライスした大根は火の通りが早くて食感も◎。

〆は？

雑炊

うまいに決まってる組み合わせ!

26 にんにく塩バター鍋

材料(2〜3人分)

具

豚バラ薄切り肉
（4〜5cm幅に切る）…200g
キャベツ（ざく切り）…250g
お好きなきのこ（ほぐす）…100g
にんにく（粗みじん切り）…2片
バター…7g

鍋つゆ

水…200mℓ
酒…大さじ1
中華スープの素（ペースト）…小さじ⅔
白だし…大さじ1½
塩…2つまみ

＊中華スープは鶏ガラスープの素小さじ1でも
OK。

仕上げ

黒こしょう…適量
バター…8g

1 にんにくを炒める

鍋(炒めてOKなもの)
に具用のバターを溶か
し、にんにくを炒める。

〆は?

うどん

2 鍋つゆと具を加えて煮る

鍋つゆの材料と残りの
具を加え、沸騰したら、
ふたをして弱中火で
15分煮る。 黒こしょ
うをふり、仕上げ用の
バターを加えて溶かす。

POINT

にんにくを炒めて香りを立たせる。
きのこは2種使うとよりおいしいよ。

PART

3

おもてなしにも
おすすめ!
豪華な本格鍋

やみつきになる辛さ！店に負けない味！

27

至高の火鍋

材料(4人分)

具

豚バラ薄切り肉(4等分に切る)…300g
チンゲン菜(ざく切り)…200g
長ねぎ(斜め切り)…1本(120g)
にんじん(薄い半月切り)…½本(60g)
木綿豆腐(6等分に切る)…175g
舞茸(一口大にほぐす)…100g
キクラゲ(湯で戻す)…6g
冷凍餃子…6個
赤唐辛子…2本
春雨…30g

鍋つゆ

A | 水…800㎖
中華スープの素(ペースト)
　　…大さじ1
砂糖…小さじ1
しょうゆ…小さじ1½
花椒粉…小さじ1½
五香粉…6ふり
酒…大さじ2
オイスターソース…大さじ½
にんにく(粗みじん切り)…25g
しょうが(みじん切り)…25g
豆板醤…大さじ2～2½
サラダ油…大さじ2

*中華スープの素は鶏ガラスープの素小さじ1½でもOK。

仕上げ

ごま油…適量

〆は？　（うどん）（ラーメン）

1 鍋つゆを作る

鍋にサラダ油を熱し、にんにく、しょうがを炒め、豆板醤も加えて炒める。**A**を加えて沸かす。

2 具を煮る

1に具(春雨以外)を加え、沸いたら、ごま油をまわし入れる。肉が煮えたら、春雨を入れて5分ほど煮る。

POINT

春雨は乾燥のまま入れて煮ると、スープを吸って激うまに!

あのラーメンの味を限りなく再現！

28 二郎鍋

材料(2人分)

具

サッポロ一番 塩とんこつらーめん
　…1袋(麺は〆に使用)
豚バラ薄切り肉(3等分に切る)
　…250g
キャベツ(ざく切り)…¼個(200g)
もやし…200g

鍋つゆ

水…200ml
酒…大さじ2
みりん…大さじ1
しょうゆ…大さじ1½
うまみ調味料…7ふり
牛脂…1個
にんにく(みじん切り)…3片

〆は？
ゆでた麺を加えて
ラーメンに!

1 具を入れる

鍋にキャベツ、もやし、付属のスープを入れ、豚肉と牛脂、にんにくの半量、付属のごまをのせる。

2 鍋つゆを加えて煮る

1に鍋つゆを加え、ふたをして中火で15分煮る。残りのにんにくを散らす。

*好みで黒こしょうを。

POINT

にんにくはスープの風味づけと、生のトッピングのダブル使いで味わって。

59

29

ピリ辛肉みそとまろやかスープがマッチ！

本当においしい担々鍋

材料（3〜4人分）

具

豚ひき肉…220g
A　みそ…小さじ2
　　豆板醤…小さじ1½
　　砂糖…小さじ1
　　にんにく（すりおろし）…1片
もやし…200g
チンゲン菜（ざく切り）…200g
サラダ油…少々

鍋つゆ

豆乳（無調整）…300mℓ
酒…50mℓ
鶏ガラスープの素…大さじ1
ごま油…小さじ1
赤唐辛子（輪切り）…適量

仕上げ

ラー油…適量

1 豚ひき肉を炒める

フライパンにサラダ油を熱し、豚ひき肉を炒め、Aを加えてからめる。

2 具と鍋つゆを煮る

鍋にもやし、チンゲン菜、**1**、鍋つゆの材料を入れて火にかけ、ふつふつと沸いたらふたをして弱火で15分煮る。ラー油をかける。

POINT

豆乳は分離するので沸騰させないように弱火で煮てね。

〆は？

雑炊

ラーメン

30

トマトとコンソメベースの洋風鍋！

至高のトマト鍋

材料（4人分）

具

鶏もも肉（一口大に切る）…350g
キャベツ（ざく切り）…250g
じゃがいも（一口大に切る）…150g
しめじ（ほぐす）…150g
ソーセージ…6本

鍋つゆ

玉ねぎ（みじん切り）…120g
にんにく（みじん切り）…2片
オリーブオイル…大さじ1
トマト缶…1缶（400g）

A｜水…500㎖
　｜酒…80㎖
　｜顆粒コンソメ…大さじ2
　｜塩…小さじ⅓
　｜みそ…小さじ4

仕上げ

オリーブオイル・黒こしょう・
　ピザ用チーズ・ドライパセリ…各適量

準備

じゃがいもは耐熱容器に入れ、ラップをして600Wの電子レンジで4分加熱する。

1 鍋つゆを作る

鍋にオリーブオイルを熱し、にんにく、玉ねぎを炒め、トマト缶も加えて炒める。Aを加えて沸かす。

2 具を加えて煮る

1に具を加え、ふたをして中火で20分煮る。オリーブオイル、黒こしょう、チーズをかける。あればドライパセリをふる。

POINT

トマト缶はカットでもホールでもOK。水分をとばすように炒め、うまみを凝縮。

〆は？

リゾット

せりとごぼうの滋味深い風味がいい仕事します！

31 きりたんぽ鍋

材料(4人分)

具

鶏もも肉(一口大に切る)…300g

砂肝(カット済みのもの)…150g

舞茸(一口大にほぐす)…100g

油揚げ(細切り)…2枚

きりたんぽ(焼いたもの、半分に切る)
　…3本

長ねぎ(斜め切り)…1本(120g)

せり(ざく切り)…1束(100g)

しらたき(洗って食べやすく切る)
　…180g

ごぼう(斜め薄切り)…180g

鍋つゆ

かつお粉(P6)…7g

水…800㎖

酒…80㎖

うまみ調味料…7ふり

塩…小さじ1¼

しょうゆ・みりん…各大さじ2

〆は？　
(雑炊)　(うどん)　(ラーメン)

1 鍋つゆを沸かす

鍋に鍋つゆの材料を入れて火にかけ、沸かす。

2 具を煮る

1にせり以外の具をすべて加え、沸騰したら、ふたをして中火で15分煮る。仕上げにせりを加え、さっと煮る。

POINT

砂肝はあればでOK。せりは必須で入れてほしい!

トマト割下がビビるほどうまい！

32 ピザすき焼き

材料（4人分）

具

牛すき焼き用肉（または豚バラ薄切り肉）
　…300g
玉ねぎ（薄切り）…½個
焼き豆腐（一口大に切る）…200g
しらたき（洗って食べやすく切る）
　…180g
しめじ（ほぐす）…1パック（180g）
オリーブオイル…大さじ1

トマト割下

無塩トマトジュース…200mℓ
白だし…60mℓ
しょうゆ…60mℓ
砂糖…大さじ2
にんにく（すりおろし）…1片

仕上げ

三つ葉（ざく切り）…1袋
黒こしょう…適量
ピザ用チーズ…100g

〆は？　
うどん

準備

トマト割下の材料を混ぜ合わせる。

1 玉ねぎを炒める

鍋にオリーブオイルを熱し、玉ねぎを炒める。

2 具と割下を入れて煮る

1に焼き豆腐、しらたき、しめじ、割下の⅔量を加え、具が柔らかくなるまで中火で煮る。

3 肉を加えて仕上げる

黒こしょうをふり、好みで残りの割下で味を調整しながら、牛肉、チーズを加えて火を通す。最後に三つ葉をのせる。

POINT

トマト割下は少し残しておき、肉を煮るときに味をみながら加えてね。

65

ポカポカに温まる韓国風"肉じゃが"！

33 タットリタン

材料（4人分）

具

鶏もも肉（一口大に切る）…300g
手羽元…380g
A　にんにく（すりおろし）…2片
　　塩・こしょう…各適量
　　ごま油…大さじ1
じゃがいも（乱切り）
　　…2個（300g）
玉ねぎ（乱切り）…1個（250g）

鍋つゆ

コチュジャン・しょうゆ…各大さじ2
砂糖…大さじ1
一味唐辛子…小さじ2
酒…大さじ4
水…200mℓ
うまみ調味料…3ふり
しょうが（すりおろし）…5g

〆は?

雑炊　うどん　ラーメン

1 鶏肉を炒める

鍋に鶏もも肉、手羽元を入れ、Aをからめて炒める。

2 具と鍋つゆを加えて煮る

1にじゃがいも、玉ねぎ、鍋つゆの材料を加え、沸いたら、ふたをして弱中火で25分煮る。

POINT

鶏肉はだしがよく出る手羽元も使い、炒めてしっかり味をつけるよ。

34

スパイシーな香りが
食欲をそそる！

最高にうまい
カレー鍋

材料（2人分）

具

豚バラ薄切り肉（4〜5cm幅に切る）
　…200g
キャベツ（ざく切り）…250g
しめじ（ほぐす）…100g
にんじん（斜め薄切り）…40g
にんにく（すりおろし）…1片

鍋つゆ

カレールウ（ジャワカレー 中辛）…1片
水…250mℓ
砂糖…小さじ½
みりん…大さじ1
バター…10g
これ！うま!!つゆ（または白だし）…大さじ2
オイスターソース…大さじ½
こしょう…適量

仕上げ

小ねぎ（刻む）…適量

1 具と鍋つゆを煮る

鍋に具と鍋つゆの材料を入れて火
にかけ、沸騰したら、ふたをして
中火で15分煮る。小ねぎを散らす。

〆は？

（雑炊）

（うどん）

POINT

煮えてカレールウが溶けて
きたら、とろみがつくまで
よく混ぜて。

35

日本酒(清酒)のおかげで
風味豊かな味!

美酒鍋

材料(4〜5人分)

具

豚バラ薄切り肉(4〜5cm幅に切る)
　…180g
鶏もも肉(一口大に切る)…180g
白菜(ざく切り)…350g
長ねぎ(斜め切り)…1本(120g)
お好きなきのこ(ほぐす)…200g
にんじん(斜め薄切り)…½本(60g)
木綿豆腐(一口大に切る)…175g
にんにく(薄切り)…2片
サラダ油…小さじ2

鍋つゆ

酒…650mℓ
塩…小さじ2
かつお粉(P6)…5g
うまみ調味料…7ふり

仕上げ

こしょう…適量

準備

フライパンにサラダ油を熱して
にんにくを炒め、香りが出たら
取り出す。

1 具と鍋つゆを煮る

鍋に具(炒めたにんにく
も)と鍋つゆの材料を加
えて火にかけ、沸騰した
ら、5分煮てアルコール
をとばす。ふたをしてさ
らに中火で15分煮て、
こしょうをふる。

POINT

日本酒で煮込む広島の郷土
料理。ふたをする前にアル
コールをとばして。

〆は?

雑炊

ご飯、卵、
小ねぎで雑炊に!

麻婆豆腐と鍋のいいとこどり！

麻婆鍋

36

材料（4人分）

具

なす（薄切り）… 3本（300g）
にんにく（薄切り）… 3片
豆板醤・甜麺醤…各小さじ4
ごま油…大さじ1½
豚バラ薄切り肉（4〜5㎝幅に切る）
　…280g
木綿豆腐（一口大に切る）…350g
春雨…50g

鍋つゆ

水…600㎖
酒…100㎖
鶏ガラスープの素…小さじ4
しょうゆ…大さじ1
黒こしょう…適量

仕上げ

長ねぎ（みじん切り）…½本（60g）
山椒粉・ラー油…各適量

1 なすを炒める

鍋にごま油を熱し、なす、にんにくを炒め、なすに焼き色がついたら、豆板醤、甜麺醤を加えてからめる。

2 具と鍋つゆを加えて煮る

1に豆腐、豚肉、春雨（乾燥のまま）、鍋つゆの材料を加え、沸騰したら中火で15分煮る。
長ねぎを加え、軽く煮たら山椒粉、ラー油をかける。

〆は？

雑炊

うどん

ラーメン

POINT

最初になすを炒め、しっかり調味料をからめて。

37

濃厚な甘辛だれでガッツリどうぞ!

焼き肉鍋

材料(4人分)

具

牛薄切り肉(または豚バラ薄切り肉)
　…300g
キャベツ(ざく切り)…250g
玉ねぎ(薄切り)…120g
ニラ(4〜5cm幅に切る)…1束(100g)

たれ

にんにく(すりおろし)…2片
しょうゆ…大さじ3
コチュジャン…大さじ2
砂糖…大さじ2
うまみ調味料…6ふり
鶏ガラスープの素…小さじ1
酒…大さじ2

仕上げ

赤唐辛子(輪切り)…2本
白いりごま…適量
ごま油…大さじ1
ラー油…適量

準備

たれの材料を混ぜ合わせる。

1 具とたれを煮る

鍋にキャベツ、玉ねぎ、牛肉を入れたら、たれをかける。
ニラ、仕上げの材料を加え、火にかけ、ふたをして火が通るまで中火で煮る。

POINT

水は使わず、野菜から出てくる水分を生かすよ。

は?

うどん

卵を落とし、
うどんに!

だしのきいたとろろが感動のうまさ！

38 とろろ鍋

材料（4人分）

とろろ

長芋…正味250g
A | しょうゆ…小さじ2
　 | 砂糖…1つまみ
　 | 塩…小さじ¼
　 | かつお粉（P6）…2g
　 | うまみ調味料…5ふり

具

豚バラ薄切り肉
　（4～5cm幅に切る）…300g
白菜（叩いて一口大にそぎ切り）
　…⅛個（300g）
しめじ（ほぐす）…200g
舞茸（一口大にほぐす）…100g
にんじん（斜め薄切り）
　…大½本（80g）
長ねぎ（斜め薄切り）…1本（120g）

鍋つゆ

水…800mℓ
酒…80mℓ
かつお粉（P6）…6g
うまみ調味料…6ふり
塩…小さじ½
しょうゆ…大さじ3
みりん…大さじ2

POINT

下味がついたとろろが混ざると、スープがよりおいしくなる。

\\〆は？//

準備

とろろを作る。皮をむいた長芋をすりおろし、Aを混ぜる。

1 鍋つゆと具を煮る

鍋に鍋つゆの材料を入れて火にかけ、沸かす。具を加えて沸騰したら、ふたをして中火で15分煮る。とろろを加える。

39

納豆でまろやかに！具にも調味料にもなる！

納豆豚キムチチゲ

材料(2人分)

具

ひきわり納豆… 1 パック
豚バラ薄切り肉（4〜5cm幅に切る）
　…200g
キムチ…200g
木綿豆腐（スプーンで一口大にすくう）
　…300g
長ねぎ（斜め切り）…½本（60g）

鍋つゆ

水…160㎖
白だし…大さじ2
ごま油…小さじ1

仕上げ

小ねぎ（刻む）・白いりごま・ラー油
　…各適量

1 鍋つゆと具を煮る

鍋に鍋つゆの材料と具を（キムチ、豆腐→肉→長ねぎ、納豆の順に）入れて火にかけ、沸騰したら、ふたをして弱中火で15分煮る。小ねぎ、ごま、好みでラー油をかける。

〆は？

（雑炊）

（うどん）

（ラーメン）

POINT

ひきわり納豆がスープや食材にからみやすくておすすめ。

73

40

某居酒屋をリスペクトした
甘辛スープが誕生！

赤から鍋

材料（3〜4人分）

具

白菜（叩いて一口大にそぎ切り）…350g
木綿豆腐（6等分に切る）…175g
豚バラ薄切り肉（4等分に切る）…250g
もやし…200g
長ねぎ（斜め薄切り）…1本弱（120g）
ニラ（4〜5cm幅に切る）…1束（100g）

鍋つゆ

水…500mℓ
砂糖・コチュジャン…各大さじ2½
しょうゆ・酒・白だし…各大さじ2½
にんにく（すりおろし）…2片
豆板醤…小さじ2
オイスターソース…大さじ½
うまみ調味料…4ふり

仕上げ

一味唐辛子…適量

1 鍋つゆと具を煮る

鍋に鍋つゆを入れて沸かし、白菜、豆腐、豚肉を加え、火が通るまで中火で8分ほど煮る。

2 もやし、ねぎ、ニラを加える

もやし、長ねぎを加えてさらに8分ほど煮て、ニラをのせ、一味唐辛子をふる。

POINT

もやしや長ねぎは時間差で加え、ふたをせずに合計15分ほど煮ればOK。

〆は？

（リゾット）

ご飯（洗わない）、チーズを加えてリゾットに！

PART

4

素材のうまみを
ぐっと引き出す
無水鍋

41

みその風味とコクが半端ない!

無水鶏みそ鍋

材料(2〜3人分)

具

白菜(叩いて一口大にそぎ切り)…250g
絹豆腐(一口大に切る)…150g
鶏もも肉(小さめの一口大に切る)…200g

調味料

みそ…大さじ1
酒…大さじ5
これ!うま!!つゆ(または白だし)…大さじ1½
みりん…大さじ1
にんにく(すりおろし)…1片

仕上げ

小ねぎ(刻む)…適量
赤唐辛子(輪切り)…2本

1 具と調味料を煮る

鍋に具と調味料を入れて火にかけ、ふたをして弱火で20分煮る。赤唐辛子と小ねぎをふる。

〆は？

雑炊

ラーメン

スープが余ったら
雑炊やラーメンに!

POINT

水を1滴も使わず、白菜から出る水分がスープに。

レモンの酸味でさっぱり食べられる！

42 無水ねぎ塩ごま油鍋

材料（1〜2人分）

具

鶏もも肉（一口大に切る）…200g
白菜（叩いて一口大にそぎ切り）…250g
長ねぎ（小口切り）…1本（約120g）

調味料

中華スープの素（ペースト）
　…小さじ1½
酒…大さじ4
ごま油…大さじ1½
にんにく（すりおろし）…1片

仕上げ

レモン（薄い半月切り）…½個
レモン汁…小さじ1½
黒こしょう・白いりごま・塩…各適量

1 具と調味料を煮る

鍋に白菜、長ねぎ、鶏肉の順に入れる。真ん中に中華スープの素を埋め込み、鶏肉を重ねる。残りの調味料を加えて火にかけ、沸騰したらふたをして弱中火で20分煮る。

2 レモンを加える

レモンを並べ、レモン汁を加え、黒こしょう、ごまをふる。好みで塩をふって食べる。

＊味変でラー油をかけても。

うどん

スープが余ったら
煮込みうどんに！

＊塩、黒こしょう、
　ごま油を足す。

POINT

中華スープの素は具の中に埋め込むと溶けやすい。酸味がとぶのでレモン汁は最後に。

43

肉のうまみがしみた大根が美味!

無水せん切り大根鍋

材料(2〜3人分)

具

大根(せん切り)…300g
豚バラ薄切り肉…200g
しょうが(せん切り)…10g

調味料

白だし…大さじ1½
ごま油…大さじ1½
酒…大さじ5

仕上げ

白いりごま…適量
塩・ポン酢…各適量

1 具と調味料を煮る

鍋に具と調味料を入れて火にかけ、
ふたをして弱火で20分煮る。
ごまをふり、塩かポン酢で食べる。

*好みで小ねぎを散らして。

POINT

せん切り大根は火が通りや
すく食感もよい。豚肉で巻
いて食べて。

〆は?

雑炊

スープが余ったら
雑炊に!

44

野菜とキムチのうまみが凝縮!
無水キムチ鍋

材料(2〜3人分)

具

もやし…200g
キムチ…200g
豚バラ薄切り肉(一口大にちぎる)
　…200g
ニラ(4〜5cm幅に切る)
　…1束(100g)

調味料

酒…大さじ5
白だし…大さじ1

にんにくチップ

にんにく(薄切り)…2片
ごま油…大さじ2

仕上げ

白いりごま…適量

準備

フライパンにごま油を熱し、にんにくを柴犬色に炒めてにんにくチップを作る。

1 具と調味料を煮る

鍋に具(ニラ以外)、調味料を入れ、にんにくチップを油ごと加える。火にかけ、ふたをして弱火で20分煮る。

2 ニラを加える

ニラ、ごまを加え、さっと火を通す。
*味変で塩をふる。

〆は?

(雑炊)

ご飯、溶き卵で
雑炊に!

*小ねぎ、ごまを
散らす。

POINT
風味づけに、にんにくを炒めた油も一緒に加えて。

PART

5

野菜から揚げ物まで
鍋のおともに。

箸休めおつまみ

POINT

衣に炭酸水を使うと
サクッと揚がるよ。

青じその香りがさわやか！

鶏の大葉揚げ

材料(2〜3人分)

鶏もも肉(10等分に切る)…320g
青じそ…10枚
塩・こしょう…各適量
A 片栗粉…30g
薄力粉…25g
炭酸水(または水)…大さじ3
ごま油・鶏ガラスープの素
…各小さじ1
サラダ油…適量

作り方

1 鶏肉に塩・こしょうをふり、1切れに対して青じそ1枚を巻く。

2 ボウルに**A**を混ぜ合わせ、**1**をくぐらせる。

3 フライパンにサラダ油を熱し、**2**を揚げる。

*好みで、アジシオ、ガーリックパウダー、レモンで食べる。

コリコリ食感で酒が止まらない!

46 究極の砂肝から揚げ

材料(3〜4人分)

砂肝(格子状に切り目を入れる)…280g

A 塩…小さじ½

うまみ調味料…6ふり

黒こしょう…適量

にんにく(すりおろし)…1片

オイスターソース…小さじ1

砂糖…1つまみ

マヨネーズ…大さじ1

カレー粉…小さじ¼

片栗粉・サラダ油…適量

レモン…適量

＊多めなので半量で作ってもOK。
　好みでアジシオをふる。

作り方

1 ボウルに **A** を混ぜ合わせ、砂肝をからめる。片栗粉をまぶす。

2 フライパンにサラダ油を熱し、**1** を揚げる。レモンを添える。

POINT

中まで火が通りやすいように砂肝は格子状の切り目を入れて。

47

外はカリッと、中はふわふわ！

最高のタラから揚げ

材料(1〜2人分)

タラ(一口大に切る)…160g

A
| しょうゆ…大さじ1
| マヨネーズ…小さじ1
| うまみ調味料…3ふり
| 黒こしょう…適量
| にんにく(すりおろし)…½片
| 砂糖…小さじ½

片栗粉・サラダ油…各適量

レモン…適量

作り方

1 ボウルにAを混ぜ合わせ、タラをからめる。片栗粉をまぶす。

2 フライパンにサラダ油を熱し、1を揚げる。レモンを添える。

POINT

タラにしっかり下味をつけてから揚げるよ。

揚げた卵のうまさを味わってくれ!

48 たまごのから揚げ

POINT

具は他の野菜を加えてもおいしい。小さめのフライパンで作ってね。

材料(1〜2人分)

豚ひき肉…60g

卵…2個

長ねぎ(みじん切り)…30g

塩・こしょう…各適量

A | 赤唐辛子(輪切り)…1本
　 | うまみ調味料…5ふり
　 | 塩…小さじ¼
　 | しょうゆ…小さじ½

小ねぎ(刻む)…適量

サラダ油…適量

作り方

1 フライパンにサラダ油少々を熱し、豚ひき肉を入れ、塩・こしょうをふって炒める。

2 ボウルに **1**、長ねぎ、卵、**A** を入れ、混ぜる。

3 フライパンにサラダ油大さじ3を熱し、**2** を入れる。油をかけながら揚げ焼きにし、焼き色がついたら、ひっくり返してさらに焼く。小ねぎをふる。

＊ ご飯にのせて食べるのがおすすめ。

＊ 好みで塩、赤唐辛子(輪切り)、しょうゆ、レモンをかけて。

49

夏はこれ！ 鉄板のバターじょうゆと！

とうもろこしのから揚げ

PART 5　おつまみ

揚げ物

材料（2〜3人分）

とうもろこし（8〜10等分に切る）… 1本（300g）

片栗粉…適量

A｜ バター…10g

　｜ しょうゆ…大さじ1½

　｜ 砂糖…小さじ2

　｜ うまみ調味料…4ふり

サラダ油…適量

作り方

1 とうもろこしに片栗粉をまぶし、サラダ油を熱したフライパンで揚げ焼きにする。
　＊油がはねるので注意。

2 Aを耐熱容器に入れ、ラップをせず600Wの電子レンジで50秒加熱して混ぜる。

3 2を1にかけ、好みで黒こしょうをふる。

POINT

とうもろこしは芯が乾燥するとかたくて切りにくいので新鮮なものを使って。

ホクホクにんじんの甘みを感じて！

フライドにんじん

50

POINT

油の量はフライパンの高さ1cmほどを目安に。

材料（2〜3人分）

にんじん（フライドポテト状に切る）
　…大1本（160g）

A｜ にんにく（すりおろし）… 1片

　｜ 顆粒コンソメ…小さじ1

　｜ 酒・薄力粉…各大さじ1

片栗粉…適量

塩・こしょう・黒こしょう…各適量

サラダ油…適量

作り方

1 ボウルでAを混ぜ合わせ、にんじんをからめる。片栗粉をまぶす。

2 フライパンにサラダ油を入れて熱し、1を揚げる。塩・こしょう、黒こしょう、好みでドライパセリをふる。

51 ブロチ焼き

カリッと香ばしいガレット風!

材料(1〜2人分)

ブロッコリー(小房に分けて薄切り)…正味100g
A｜ピザ用チーズ…50g
　｜塩・こしょう…各適量
　｜にんにく(すりおろし)…⅓片
オリーブオイル…小さじ1

作り方

1 ブロッコリーとAを混ぜ合わせる。

2 オリーブオイルを熱したフライパンに**1**を入れて薄く広げ、へらで押しつけながら焼く。焼き色がついたら、ふたにのせてひっくり返し、さらに1〜2分焼く。

＊ 好みで黒こしょうをかけて。味変でペッパーソースやケチャップを。

POINT

ブロッコリーの芯もかたい皮を除いて使用(薄く切ってせん切り)。

材料(1〜2人分)

鶏むね肉…170g
青じそ…5枚
A｜塩・こしょう…各適量
　｜これ!うま!!つゆ(または白だし)…小さじ1
　｜酒…大さじ½
　｜にんにく(すりおろし)…少々
　｜片栗粉…大さじ1
ごま油…小さじ2
〈たれ〉
しょうゆ…小さじ2
酢…小さじ1½
コチュジャン・砂糖…各小さじ⅔

作り方

1 鶏むね肉を包丁で叩いてミンチにする。青じそも一緒に叩いて混ぜる。ボウルに入れ、Aを加えて混ぜる。

2 ごま油を熱したフライパンに**1**を広げ、両面に焼き色がつくまで焼く。混ぜたたれに、つけながら食べる。

52 超やせチヂミ

ほぼむね肉だけで、この満足度!

POINT

片栗粉を混ぜるとつなぎになり、カリッと焼けるよ。

53 鉄板長芋

ふわっふわで軽い！ 異常なうまさ！

材料（1〜2人分）

長芋（皮のまますりおろす）…正味200g
卵…1個
A｜かつお粉（P6）…3g
　｜うまみ調味料…4ふり
　｜塩…小さじ⅓
　｜片栗粉…大さじ1
バター…8g
刻みのり・小ねぎ（刻む）・七味唐辛子…各適量

作り方

1 ボウルに長芋、卵、Aを入れ、よく混ぜる。

2 フライパンでバターに溶かし、1を入れて中火で焼く。焼き色がついたら、ふたにのせてひっくり返し、裏面も焼く。刻みのり、小ねぎ、好みで七味唐辛子をかける。

＊ 味変で塩、ポン酢、お好みソースやマヨネーズを。

POINT
長芋は皮ごとおろしたほうが、可食部が増えるしラク！

54 ちくわチーズ納豆

酒が進むコクとボリューム！

材料（1〜2人分）

ちくわ…4本（110g）
納豆…1パック
ピザ用チーズ…適量
小ねぎ（刻む）…適量

作り方

1 ちくわは縦半分に切り目を入れて開く。

2 納豆は包丁で軽く叩いて刻み、付属のたれ、からしを混ぜる。

3 ちくわに2、チーズをのせ、トースターで8分焼く。小ねぎを散らす。

POINT
納豆はなじむように粒を刻み、味をつけておくよ。

皮ごと焼くから、香ばしいうまみが！

55 あぶり長芋 にんにく漬け

POINT

長芋は最初にしっかり焼く
と皮が柔らかくなるよ。

材料（3〜4人分）

長芋（皮つき）…400g

A | みりん…大さじ4
　| 酒…大さじ2

B | しょうゆ…大さじ4½
　| うまみ調味料…6ふり
　| かつお粉（P6）…3g

C | にんにく（つぶす）…2片
　| 酢…大さじ1
　| 赤唐辛子（輪切り）…2本

小ねぎ（刻む）…適量

作り方

1 長芋はフォークに刺し、軽く焦げ目がつくまでひげ根と
皮を火であぶる。縦半分に切り、1cm弱幅の半月切りに
する。

　＊ IHの場合はフライパンでころがしながら焼いて。

2 鍋にAを入れて沸かし、アルコールをとばす。Bを加え、
沸いたら、Cを加えて粗熱を取る。

3 ポリ袋に1と2を入れ、空気を抜いて口をしばる。3時
間（できれば一晩）ほど冷蔵庫で漬ける。小ねぎを散らす。

56 無限ポリポリ大根

かつお粉が重要！ご飯のおともにも！

POINT

皮の食感もおいしい
ので一緒に漬けて。

材料（3〜4人分）

大根…300g

A | ポン酢…100mℓ
　| かつお粉（P6）…2g
　| にんにく（つぶす）…2片
　| 赤唐辛子（輪切り）…適量

小ねぎ（刻む）…適量

作り方

1 大根は拍子木切りにする。皮も食べやすく
切る。

2 ポリ袋に1とAを入れ、空気を抜いて口
をしばる。冷蔵庫で最低3時間（できれば
5時間以上）漬ける。小ねぎを散らす。

　＊ 好みでごまをふって。味変でラー油も。

57

このガーリックオイルで
永久に食える！

エンドレストマト

POINT

ベーコンから脂が出てカリッとするまで炒めて。

漬け物

材料（2〜3人分）

トマト（小さめの乱切り）… 3個（450gほど）
ベーコン（細切り）… 70g
にんにく（みじん切り）… 3片
赤唐辛子（輪切り）… 適量
A｜塩… 小さじ1/3
　｜うまみ調味料… 7ふり
　｜しょうゆ… 小さじ1
オリーブオイル… 大さじ3

作り方

1 フライパンにオリーブオイルを熱し、にんにくを柴犬色に炒める。

2 トマトをボウルに入れ、**1**をオイルごとかける。

3 **1**と同じフライパンでベーコン、赤唐辛子を炒め、**2**にかける。**A**を加えてあえる。

＊ 冷蔵庫で1〜2時間冷やして食べるのがおすすめ。
＊ 好みでドライパセリをかけて。味変で粉チーズも。

58

切って混ぜるだけ！簡単なのに激うま！

トマトの無限青じそ

材料（2〜3人分）

トマト（一口大に切る）… 3個（450g）
玉ねぎ（みじん切り）… 60g
青じそ（せん切り）… 5枚
A｜しょうゆ… 大さじ2½
　｜砂糖… 小さじ2½
　｜酢… 大さじ2
　｜ごま油… 大さじ1½
　｜うまみ調味料… 7ふり

作り方

1 トマト、玉ねぎをボウルに入れ、**A**を加えてあえる。青じそを散らす。

＊ 好みで赤唐辛子（輪切り）、白ごまをふる。

POINT

冷蔵庫で1〜2時間冷やして食べるとよりおいしいよ。

59

いりピーナッツが香ばしい!

無心きゅうり

POINT

きゅうりは叩くと味がよくからむよ。砂糖で水分を抜いてから調味。

材料(2～3人分)

きゅうり… 3本(300g程度)
にんにく(みじん切り)… 2片
ピーナッツ… 40g
砂糖…大さじ1½
サラダ油…大さじ1
A｜ しょうゆ…大さじ1⅔
　　酢…小さじ2½
　　オイスターソース…小さじ2
　　うまみ調味料… 7ふり
　　砂糖…小さじ½
　　赤唐辛子(輪切り)…適量

作り方

1 きゅうりはへたを切り落とし、瓶などで叩いて斜めに切る。ポリ袋に入れ、砂糖をまぶしてよくもみ込む。冷蔵庫で15分冷やし、水気をよく絞る。

2 サラダ油を熱したフライパンでピーナッツをいり、粗熱を取る。

3 **1**の袋に **A**、にんにく、**2**を油ごと入れ、よくもんで混ぜる。

＊ すぐ食べられるが、少し漬けておくとより味がなじんでおいしい。

短時間でバカみたいに味がしみる!

60

きゅうりのうまだれ漬け

材料(2～3人分)

きゅうり… 3本(280g)
長ねぎ(みじん切り)…30～35g
A｜ ダシダ(牛肉味)・しょうゆ
　　　…各小さじ2
　　砂糖… 1つまみ
　　黒こしょう…適量(たっぷり)
ごま油(またはラー油)…適量

作り方

1 きゅうりはへたを切り落とし、蛇腹に切り目を入れてから一口大に切る。

＊ 蛇腹は斜めに切れ目を入れ、ひっくり返して横に切れ目を入れる。切り落とさないように割り箸を両側に置くとよい。

2 **1**、長ねぎ、**A**をポリ袋に入れてもみ込み、空気を抜いてしばる。冷蔵庫で15～30分漬ける。ごま油をかける。

＊ 好みで赤唐辛子(輪切り)を加える。味変でレモン汁をかけても。「ダシダ」は牛肉だしの韓国調味料。

POINT

蛇腹に切ると味がしみやすくなり、漬け時間が短縮。

61 やみつきしょうゆニラ

レンチンで40秒！酒もご飯もイケる！

材料（2〜3人分）

ニラ（4〜5cm幅に切る）… 1束（100g）

A
しょうゆ…小さじ2½
ごま油…小さじ2
オイスターソース…小さじ½
かつお粉（P6）… 1g
うまみ調味料… 6ふり
塩… 1つまみ
赤唐辛子（輪切り）… 1本
白いりごま…適量

作り方

1 ニラを耐熱容器に入れ、ラップをせずに600Wの電子レンジで40秒加熱する。

2 Aを加えてあえる。

62 超簡単！白キムチ

うまみ抜群で酒飲み歓喜の味！

材料（3〜4人分）

白菜…⅛個（芯を取って300g程度）

A
塩…小さじ1
かつお粉（P6）… 2g
うまみ調味料… 6ふり
砂糖…小さじ⅔
赤唐辛子（輪切り）… 2〜3本
にんにく（すりおろし）… 1片

作り方

1 白菜は叩いて、一口大のそぎ切りにする。

2 ポリ袋に入れ、Aを加えてもみ込み、空気を抜いて口をしばる。最低1時間漬ける。

＊味変でラー油をかけても。

ご飯のおとも

ツナマヨ

63

材料（作りやすい分量）

ツナ缶… 1缶

A｜ マヨネーズ… 大さじ1
｜ 練りわさび… 4～5cm
｜ しょうゆ… 小さじ½
｜ アジシオ… 3ふり
｜ 砂糖… 小さじ⅓

作り方

ツナ缶の油をきり、Aと混ぜ合わせる。

さけフレーク

64

材料（作りやすい分量）

生さけ
　　… 1切れ（70～80g）
アジシオ… 5～6ふり
A｜ みりん… 小さじ2
｜ 酒… 小さじ2
サラダ油… 少々

作り方

1 さけにアジシオをふり、サラダ油を熱したフライパンで皮目から焼く。

2 Aを加えてからめる。粗熱を取り、身を好みの大きさにほぐす。

＊ 皮と骨は除いておくと食べやすい。

豚のしぐれ煮

65

材料（作りやすい分量）

豚こま切れ肉（小さく切る）…120g
しょうが（せん切り）… 4～5g
A｜ 砂糖… 小さじ1⅓
｜ しょうゆ・みりん・酒… 各大さじ1
｜ うまみ調味料… 2ふり

作り方

フライパンに豚肉、しょうが、Aを入れてからめ、汁気がなくなるまで煮る。

材料(1～2人分)

ご飯…200g
鶏もも肉(小さめの一口大に切る)…100g
にんにく(薄切り)…2片
しょうが(みじん切り)…10g
玉ねぎ(みじん切り)…60g
塩・こしょう…各少々
A | 水…300mℓ
　 | 酒…大さじ2
　 | 鶏ガラスープの素・ナンプラー…各大さじ½
　 | 黒こしょう…適量
オリーブオイル…大さじ1
小ねぎ(刻む)…適量

ガーリックチップがアクセント!

にんにく鶏雑炊

66

ご飯もの

作り方

1 オリーブオイルを熱したフライパンでにんにくを柴犬色に炒め、取り出す。

2 1のフライパンに鶏肉を入れ、塩・こしょうをふって炒める。火が通ったら、しょうが、玉ねぎを加えてさらに炒め、Aを加える。

3 沸騰したら、ご飯を加えて軽く煮て、1、小ねぎをのせる。

POINT
とろみのあるお粥風なのでご飯は洗わなくてOK。

67

ねぎ油を吸収したご飯がヤバイ!

焦がしねぎ油めし

POINT
長ねぎとにんにくをじっくり炒め、油に風味をつけて。

材料(1人分)

ご飯…200g
長ねぎ(みじん切り)…30g
にんにく(みじん切り)…1片
A | しょうゆ…大さじ1
　 | 砂糖…小さじ1
　 | うまみ調味料…4ふり
卵黄…1個分
ラード(またはサラダ油)…大さじ1強

作り方

1 フライパンにラードを入れて熱し、長ねぎ、にんにくを焦げ目がつくまで炒めたら、Aを加えてからめる。

2 ご飯を加えてよく混ぜ、器に盛り、卵黄をのせる。

PART

6

ラーメン、冷凍品で
手軽に楽しく!
市販品鍋

塩バターとにんにくの最強タッグ！

68 サッポロ一番塩鍋

PART **6**

市販品

材料（4人分）

具

サッポロ一番 塩らーめん … 1袋
豚バラ薄切り肉 … 200g
ソーセージ（斜め半分に切る）… 120g
キャベツ（ざく切り）… 200g
しめじ（ほぐす）… 100g
長ねぎ（斜め薄切り）… 100g
木綿豆腐（一口大に切る）… 150g
にんにく（粗みじん切り）… 3片
ニラ（4～5cm幅に切る）… ½束（50g）
バター … 15g

鍋つゆ

水 … 500mℓ
酒 … 50mℓ
付属のスープ … 1袋
塩 … 小さじ⅓
オイスターソース … 大さじ½
黒こしょう … 適量

仕上げ

卵 … 2個　付属のごま … 1袋

1 具と鍋つゆを煮る

フライパンにバターを溶かしてにんにく
を炒め、鍋に入れる。具（ニラと麺以外）、
鍋つゆの材料を加え、火にかける。
沸騰したら、ふたをして中火で10分煮る。

2 卵、ニラ、麺を加える

卵、ニラ、付属のごま、麺を加え、軽く
煮る。麺をほぐしながら食べる。

POINT

ソーセージは断面からいいだし
が出るので斜めに切って。

にんにくがきいたしょうゆスープが格別！

もつ鍋風サッポロ一番鍋

材料（4人分）

具

サッポロ一番 しょうゆ味… 1袋
豚バラ薄切り肉（4〜5cm幅に切る）…250g
キャベツ（ざく切り）…250g
もやし…200g
ニラ（4〜5cm幅に切る）…100g

鍋つゆ

水…450mℓ
酒…50mℓ
にんにく（薄切り）… 2片
しょうゆ…大さじ1
付属のスープ… 1袋

仕上げ

赤唐辛子（輪切り）・
白いりごま・
付属のスパイス・
ラー油…各適量

1 具と鍋つゆを煮る

鍋にキャベツ、もやし、豚肉、鍋つゆの材料を入れて火にかけ、沸騰したら、ふたをして火が通るまで煮る。

2 ニラ、麺を加える

ニラ、麺を加えて軽く煮る。赤唐辛子、ごま、付属のスパイス、好みでラー油をかける。

POINT

キャベツが柔らかく煮えて肉に火が通ったらニラと麺を入れて。

70

にんにく油が肝！ 晩酌のおともにも！

チキン油鍋

POINT

煮ている途中で様子をみて、水分が足りなければ水を加えて。

材料(2人分)

具

チキンラーメン… 1袋
鶏もも肉(一口大に切る)
　　…150g
白菜(叩いて一口大にそぎ切り)
　　…250g

にんにくチップ

にんにく(薄切り)… 2片
ごま油…大さじ2

鍋つゆ

水…100㎖
酒…100㎖
塩…少々

仕上げ

小ねぎ(刻む)・白いりごま…各適量

準備

フライパンにごま油を熱し、にんにくを柴犬色に炒め、にんにくチップを作る(油もとっておく)。

1 具と鍋つゆを煮る

鍋に鶏肉、白菜、鍋つゆの材料を入れて火にかけ、沸いたら、ふたをして弱中火で15分煮る。

2 麺を加えて煮る

麺を加え、にんにくチップを油ごと麺のくぼみにのせる。ふたをして1分30秒煮て、小ねぎ、ごまを散らす。

ふわふわ卵としょうが風味で芯から温まる！

71 絶対に風邪をぶっとばすうどん

材料（1人分）

具

冷凍うどん（解凍したもの）… 1玉
長ねぎ（斜め薄切り）…30g

スープ

水…350㎖
鶏ガラスープの素…小さじ2
かつお粉（P6）…1g
塩…1つまみ
しょうが（すりおろし）…5g

仕上げ

片栗粉…小さじ1
酒…大さじ1
ごま油…小さじ1
溶き卵… 1個分
小ねぎ（刻む）…適量

POINT

水ではなく酒溶き片栗粉にするとうまみがアップするよ。

1 スープとねぎを煮る

鍋にスープの材料、長ねぎを入れて沸かす。

2 うどん、卵を加える

うどんを加えて軽く煮て、混ぜた片栗粉と酒を加え、とろみをつける。
ごま油を加え、溶き卵をまわし入れる。
小ねぎをかける。

72

鍋で具を煮るひと手間で世界が変わる！

至高を超えた肉うどん

材料(1人分)

具

冷凍うどん(解凍したもの)…1玉
豚バラ薄切り肉(4〜5cm幅に切る)
　…110g
長ねぎ(斜め薄切り)…½本(60g)
A｜しょうゆ…小さじ4
　｜みりん・酒・砂糖…各大さじ1

スープ

水…350㎖
しょうゆ…小さじ1
酒・みりん…各大さじ1
かつお粉(P6)…4g
うまみ調味料…5ふり
塩…小さじ½

1 具を煮る

鍋に豚肉、Aを入れて火にかけ、長ね
ぎも加えて火が通るまで煮る。

2 スープ、うどんを加える

別の鍋にスープの材料を入れて沸かし、
レンジで1分加熱したうどんを加えて軽
く煮る。
器に盛り、1をのせる。

POINT

冷凍うどんはレンチン
で解凍してから加えて。

焼くだけじゃない！餃子の最高の食べ方！

冷凍餃子鍋

材料(2人分)

具

冷凍餃子…12個
もやし…200g
ニラ(4〜5cm幅に切る)…1束(100g)

鍋つゆ

水…220mℓ
にんにく(すりおろし)…1片
中華スープの素(ペースト)…小さじ1
しょうゆ・白だし・みりん…各小さじ2
酒…大さじ1

＊中華スープの素は鶏ガラスープの素小さじ1½でもOK。

仕上げ

赤唐辛子(輪切り)・白いりごま・ラー油
　…各適量

1 具と鍋つゆを煮る

鍋にもやし、冷凍餃子、鍋つゆの材料を入れて火にかけ、ふたをして餃子に火が通るまで中火で煮る。

2 ニラを加える

ニラ、赤唐辛子、ごまを加え、ふたをして少し蒸し、ラー油をかける。

＊味変で追いラー油を。

POINT

餃子からとろみが出てスープが濃厚になるよ。

PART

7

年中使えて、
食べごたえ抜群!
スープ

POINT

湯をかき混ぜて渦を作ってから卵を落とすと自然にまとまるよ。

とろりとした半熟の卵が主役です！

74 ポーチドエッグのたまごスープ

材料(2~3人分)

卵… 4個
玉ねぎ(薄切り)…60g
ベーコン(細切り)…50g
にんにく(粗みじん切り)… 2片
オリーブオイル…大さじ1
A　水…500㎖
　　顆粒コンソメ…小さじ2½
　　しょうゆ…大さじ½
　　黒こしょう…適量
ドライパセリ・オリーブオイル…各適量

作り方

1 オリーブオイルを熱した鍋でにんにく、ベーコンを炒め、玉ねぎも加えて炒める。

2 Aを加え、沸いたら卵を割り入れ、半熟になるまで煮る。パセリをふり、オリーブオイルをかける。

POINT

玉ねぎを炒めるとき塩をふると水分が出て早く炒まるよ。

レストランのような味が家で作れる！

75 至高を超えた オニオングラタンスープ

材料（2～3人分）

玉ねぎ（薄切り）…300g
にんにく（すりおろし）…1片
塩…1つまみ
牛脂…8g
A 水…500mℓ
　 顆粒コンソメ…小さじ3½
　 砂糖…小さじ½
　 バター…20g
　 塩…1つまみ
　 ナツメグ…4ふり
　 黒こしょう…適量
バゲット（薄切り）…2～3枚
ピザ用チーズ…適量

作り方

1 フライパンに牛脂、玉ねぎを入れて塩をふり、炒める。飴色になったら、にんにくを加えて炒める。

2 Aを加えて3～4分煮たら、耐熱皿に入れる。バゲット、チーズをのせてオーブントースターで焦げ目がつくまで焼く。

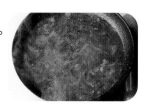

103

POINT

スープがしみた食パンが具材となり、食べごたえアップ。

栄養たっぷり！一皿で満足できる！

76 至高を超えたにんにくスープ

材料（2人分）

にんにく（薄切り）… 4片
玉ねぎ（薄切り）… 60g
ソーセージ（細かくちぎる）… 40g
食パン（6枚切り。一口大にちぎる）… ½枚
卵… 2個
バター… 10g
A 水… 350mℓ
　 顆粒コンソメ… 小さじ1½
　 塩… 小さじ¼
　 パプリカパウダー… 小さじ1½
オリーブオイル・ドライパセリ… 各適量

作り方

1 バターを溶かした深めのフライパンでにんにくを炒める。香りが出たら、ソーセージ、玉ねぎを加えて炒め、食パンも加えて炒める。

2 Aを加え、沸いたら、卵を割り入れて煮る。火が通ったら、オリーブオイル、パセリをかける。

POINT

大根おろしを加えると片栗粉なしでとろみがつくよ。

大根おろしが新感覚のおいしさ！

77

シン・たまごスープ

材料(1〜2人分)

溶き卵…1個分
大根おろし…230g
しょうが(すりおろし)…5g
A｜水…420㎖
　｜鶏ガラスープの素…小さじ2½
　｜オイスターソース…大さじ½
黒こしょう…適量

作り方

1 鍋に大根おろし、しょうが、Aを入れて沸かし、弱火にして溶き卵をまわし入れる。火が通ったら、黒こしょうをふる。

POINT

バターと薄力粉を混ぜて「ブールマニエ」を作るとホワイトソースが手軽に。

チェダーチーズのコクと風味で本格派！

78 至高を超えたシチュー

材料（3〜4人分）

鶏もも肉（一口大に切る）…350g
にんにく（薄切り）…2片
玉ねぎ（くし形切り）…250g
じゃがいも（一口大に切る）…200g
にんじん（乱切り）…150g
塩・こしょう…各少々
オリーブオイル…小さじ1
A　牛乳…300㎖
　　水…400㎖
　　顆粒コンソメ…小さじ4
バター（常温に戻す）…20g
薄力粉…大さじ3½
チェダーチーズ（またはピザ用チーズ）…80g
黒こしょう…適量

作り方

1 オリーブオイルを熱したフライパンに鶏肉を入れ、塩・こしょうをふって炒める。にんにくも加えて炒め、玉ねぎ、じゃがいも、にんじんも加える。

2 Aを加え、沸いたらふたをして弱火で15分煮る。

3 常温に戻したバターに薄力粉を混ぜてなめらかにする。**2**に加えて混ぜ、とろみがついたら、ちぎったチーズを加えて溶かす。黒こしょうをふる。

POINT

ささみに酒と片栗粉を
まぶすとパサつかず、
柔らかくなるよ。

栄養満点！リュウジ流のダイエット食！

79 脂肪燃焼塩スープ

材料（4〜5人分）

鶏ささみ（一口大にそぎ切り）…250g
A | 片栗粉…小さじ1½
　| 塩こしょう…少々
　| 酒…大さじ1
にんにく（みじん切り）… 2片
白菜（せん切り）…¼個（550g）
えのきだけ（3等分に切る）…200g
にんじん（薄い半月切り）… 1本（120g）
木綿豆腐（一口大に切る）…350g
長ねぎ（斜め切り）… 1本（120g）
ニラ（4〜5cm幅に切る）… 1束（100g）
ごま油…大さじ1
B | 水…800㎖
　| 酒…50㎖
　| 鶏ガラスープの素・白だし…各大さじ2
　| 塩…小さじ¼
黒こしょう…適量

作り方

1 鶏ささみにＡをもみ込む。

2 ごま油を熱した鍋でにんにくを炒め、香りが出てきたら、白菜、えのき、にんじんを加えて炒める。豆腐、Ｂを加え、中火で10分煮る。

3 鶏ささみ、長ねぎを加えて煮る。味をみて足りなければ塩（分量外）で味を調え、黒こしょうをふる。火が通ったら、ニラを加えて軽く煮る。

＊3日ほど保存可。そのつど加熱して毎日食べ続けるとダイエットにも◎。味変でラー油、柚子こしょうも。

107

80

POINT

鶏むね肉は煮すぎると
かたくなるので最後に
加えて。

にんにくがきいた和風味！

脂肪燃焼しょうゆスープ

材料（4〜5人分）

鶏むね肉（一口大にそぎ切り）…350g

A │ 塩… 2つまみ
　│ 片栗粉・酒…各小さじ2

にんにく（薄切り）… 2片

キャベツ（ざく切り）…¼個（250g）

大根（薄いいちょう切り）…300g

にんじん（薄い半月切り）…½本（120g）

エリンギ（薄切り）…100g

長ねぎ（斜め切り）…100g

B │ 水…750ml
　│ しょうゆ…大さじ4
　│ 鶏ガラスープの素…小さじ1
　│ 黒こしょう…適量
　│ かつお粉（P6）…5g
　│ うまみ調味料…10ふり

作り方

1 鶏むね肉にAをもみ込む。

2 鍋ににんにく、キャベツ、大根、にんじん、エリンギ、長ねぎ、Bを入れて火にかけ、沸いたら、ふたをして中火で10分ほど煮る。

3 鶏肉を加え、4分ほど火が通るまで煮る。

＊3日ほど保存可。そのつど加熱して毎日食べ続けるとダイエットにも◎。味変に七味唐辛子、酢、レモン汁。

81

野菜のうまみたっぷりの贅沢カレー！

脂肪燃焼カレースープ

材料（4〜5人分）

鶏むね肉（一口大にそぎ切り）…300g
A｜塩…1つまみ
　｜片栗粉・酒…各小さじ2
キャベツ（粗みじん切り）…250g
にんじん（角切り）…120g
お好きなきのこ（ほぐす）…150g
なす（薄いいちょう切り）…200g
玉ねぎ（粗みじん切り）…120g
にんにく（粗みじん切り）…10g
しょうが（粗みじん切り）…10g
塩…小さじ1/3
オリーブオイル…大さじ1
B｜水…850mℓ
　｜顆粒コンソメ…小さじ4
　｜オイスターソース…小さじ2
　｜黒こしょう…適量
カレー粉…小さじ4
ドライパセリ…適量

作り方

1 鶏むね肉に**A**をもみ込む。

2 オリーブオイルを熱したフライパンでにんにく、しょうがを炒める。キャベツ、にんじん、きのこ、なす、玉ねぎを加え、塩をふって炒める。

3 **B**を加え、沸いたら、ふたをして野菜が柔らかくなるまで中火で煮る。

4 鶏肉を加え、火が通ったら、カレー粉を加えて溶かす。好みでドライパセリをふる。

＊3日ほど保存可。そのつど加熱して毎日食べ続けるとダイエットにも◎。

POINT

豆乳を加えたら、とろみが出るまでしっかり煮詰めて。

じゃがいもの甘みを存分に味わう！

82 ベーコンポテトパイ風スープ

材料（1〜2人分）

じゃがいも（一口大に切る）…正味220g
ベーコン（細切り）…50g
バター…10g
水…100mℓ
A | 顆粒コンソメ…小さじ2
　 | 砂糖…小さじ½
　 | 豆乳（無調整）…250mℓ
黒こしょう…適量

作り方

1 じゃがいもは耐熱容器に入れ、ラップをして600Wの電子レンジで5分加熱し、粗めにつぶす。

2 バターを溶かしたフライパンでベーコンを炒め、じゃがいもを加えて炒める。

3 水を加えて煮詰めたら、Aを加え、とろみがつくまで混ぜながら煮詰める。黒こしょうをふる。

POINT

鶏肉の皮もだしが出るので、スープと一緒に煮てね。

鶏のだしでスープが驚きのうまさ！

83 焼き鳥屋さんの鶏スープ

材料（2〜3人分）

鶏もも肉…300g
長ねぎ（小口切り）…60g

A | 塩…小さじ1/3
　 | 片栗粉…小さじ2
　 | 酒…小さじ1

B | 水…500mℓ
　 | 酒…50mℓ
　 | しょうが（せん切り）…15g
　 | にんにく（せん切り）…5g
　 | 塩…小さじ2/3
　 | 黒こしょう…適量

作り方

1 鶏肉は皮をはずして刻む。肉は包丁で叩いてミンチにし、**A**を加えてよく混ぜる。

2 鍋に**B**と鶏皮を入れて火にかけ、沸騰したら、**1**をスプーンで一口大にすくって加え、火が通るまで5分ほど煮る。長ねぎを加えて軽く煮る。

POINT

キャベツは太めのせん切りにすると食べごたえが出るよ。

ピリ辛な濃厚なスープがマジ担々麺！

84 担々風キャベツスープ

材料(3〜4人分)

合いびき肉…120g
キャベツ(太めのせん切り)…250g
塩・こしょう…各少々
A　水…200㎖
　　鶏ガラスープの素…小さじ2
　　豆板醤…小さじ1
　　みそ…小さじ1½
　　黒こしょう…適量
豆乳(無調整)…200㎖
ごま油…小さじ2
小ねぎ(刻む)・ラー油…各適量

作り方

1 フライパンに合いびき肉を入れて塩・こしょうをふり、炒める。キャベツを加えて炒め合わせ、**A**を加えて混ぜ、ふたをして中火で5分煮る。

＊フッ素樹脂加工のフライパンなら油はひかなくてOK。

2 豆乳、ごま油を加え、キャベツがほろほろになるまで煮たら、沸かす。小ねぎ、ラー油をかける。

包丁いらずで小腹が満たされる！

85 本当においしい春雨スープ

材料（2人分）

春雨…30g　わかめ（乾燥）…3g
溶き卵…1個分
A｜水…420㎖
　｜みりん…小さじ2　酒…大さじ1½
　｜鶏ガラスープの素・しょうゆ…各大さじ½
　｜オイスターソース…小さじ½
　｜黒こしょう…適量
ごま油…大さじ½

作り方

1 鍋にAを入れて火にかけ、沸いたら、春雨、乾燥わかめを加えて煮る。

2 柔らかくなったら、ごま油を加え、弱火にして溶き卵をまわし入れる。

POINT

春雨もわかめも乾燥のまま加え、煮ながら戻して。

POINT

卵は一気に入れず、少しずつ細く垂らすときれいにかたまるよ。

納豆のとろみとコクでレベルアップ！

86 反則のたまごスープ

材料（2人分）

溶き卵…1個分　納豆…1パック
長ねぎ（小口切り）…30g
A｜水…350㎖
　｜鶏ガラスープの素…小さじ1⅓
　｜しょうゆ…小さじ1
　｜黒こしょう…適量
　｜ごま油…大さじ½

作り方

1 鍋にAと納豆（付属のたれも加える）を入れて火にかけ、沸いたら、弱火にして溶き卵をまわし入れる。火が通ったら、長ねぎを加える。

キャベツのうまさに気づくスープ！

キャベツの煮込み風

87

材料（2〜3人分）

キャベツ（ざく切り）…½個（500g）
ベーコン（細切り）…35g
ツナ缶…1缶　塩…少々
A｜鶏ガラスープの素…大さじ½
　｜赤唐辛子（輪切り）…1本
　｜水…400㎖
オリーブオイル…大さじ1

作り方

1 オリーブオイル大さじ½を熱したフライパンにキャベツ、ベーコンを入れ、塩をふって焼き色がつくまで炒める。

2 ツナ缶、Aを加え、沸いたら弱中火で15分煮る。オリーブオイル大さじ½をまわしかける。

POINT

キャベツとベーコンに香ばしい焼き色をつけてから煮て。

すりおろしの自然なとろみが美味！

88

れんこんとひき肉の和風ポタージュ

材料（2人分）

れんこん（薄いいちょう切り）…100g
豚ひき肉…120g　塩・こしょう…各少々
サラダ油…大さじ1
A｜水…500㎖
　｜れんこん（すりおろし）…100g
　｜しょうが（すりおろし）…5g
　｜白だし…小さじ5
　｜みりん…小さじ2
しょうゆ…小さじ½　塩…少々
小ねぎ（刻む）…適量

POINT

れんこんは具だけでなく、すりおろしをスープに加えて。

作り方

1 サラダ油を熱したフライパンに豚ひき肉を入れ、塩・こしょうをして炒める。火が通ったら、れんこんも加えて炒め、Aを加えて沸かす。

2 しょうゆ、塩で味を調え、小ねぎを散らす。

89 しらたき担々麺

ラーメンよりヘルシー！ つるっと喉ごしがいい！

POINT

調味料と一緒に少し炒めてしらたきに味をつけるよ。

材料（1〜2人分）

豚ひき肉…70g

しらたき（ぬるま湯で洗って半分に切る）…200g

塩・こしょう…各少々　サラダ油…少々

A | みそ…小さじ2
　 | 豆板醤…小さじ½

B | 鶏ガラスープの素…小さじ2
　 | 砂糖…小さじ½
　 | 黒こしょう…適量

豆乳（無調整）…200㎖　ごま油…小さじ1

小ねぎ（刻む）・ラー油…各適量

作り方

1 サラダ油を熱したフライパンに豚ひき肉を入れ、塩・こしょうをして炒め、**A**を加えて炒める。

2 しらたき、**B**を加えて炒め合わせ、豆乳、ごま油を加え、軽くとろみがつくまで煮る。小ねぎ、ラー油をかける。

なめこのとろみとうまみを最大限に生かす！

なめこサンラータン 90

POINT

香りや酸味を逃さないように酢は最後にスープと合わせて。

材料（1人分）

なめこ…1パック（100g）

長ねぎ（斜め薄切り）…⅓本（40g）

溶き卵…1個分

A | 中華スープの素（ペースト）
　 | 　…小さじ1⅓
　 | しょうゆ・酒・ごま油…各小さじ1
　 | 水…250㎖

酢…小さじ2

ラー油・黒こしょう…各適量

＊中華スープの素は鶏ガラスープの素小さじ2でもOK。

作り方

1 鍋になめこ、長ねぎ、**A**を入れて火にかけ、沸騰したら、弱火にして溶き卵をまわし入れる。

2 火が通ったら、酢を入れた丼に注ぐ。ラー油、黒こしょうをかける。

91

ありそうでなかったラーメンと餃子の融合！

ラーメンの代わりに餃子入れてみたスープ

材料（1人分）

冷凍餃子… 6 個

A | 水… 280mℓ
　 | しょうゆ… 大さじ1⅔
　 | 砂糖… 小さじ½
　 | うまみ調味料… 8 ふり
　 | かつお粉（P6）… 2g　ラード… 大さじ1
　 | にんにく（すりおろし）… ⅓片

黒こしょう… 適量　酢… 小さじ1½

作り方

1 鍋にAを入れて火にかけ、沸いたら、冷凍餃子を加えて煮る。火が通ったら、黒こしょう、酢を加える。

POINT

餃子からもとろみが出てスープのコクがアップ。

92 わかめってこんなにうまいの!?

鶏とわかめの韓国風スープ

材料（2人分）

鶏もも肉（一口大に切る）… 150g

わかめ（乾燥）… 4g

玉ねぎ（薄切り）… ¼個（60g）

A | 水… 360mℓ
　 | 酒… 50mℓ

B | しょうゆ… 小さじ4　砂糖… 小さじ½
　 | しょうが（すりおろし）… 5g
　 | 黒こしょう… 適量

ごま油… 小さじ2

作り方

1 鍋に鶏肉とAを入れて火にかけ、沸騰したら、Bを加える。

2 沸騰したら、玉ねぎ、わかめを加え、中火で10分ほど煮て、ごま油をまわしかける。

POINT

水から煮て鶏肉からじっくりだしを出すよ。

PART

8

1人分から
食べられる
おかず鍋

93

最小限の材料で鬼うまの鶏すき風に！

鶏肉鉄鍋

材料（1〜2人分）

具

鶏もも肉（一口大にそぎ切り）…320g
玉ねぎ（8mm幅の薄切り）…½個（120g）
もやし…100g

調味料

砂糖…大さじ1
しょうゆ…大さじ2
白だし・みりん・酒…各大さじ1½
うまみ調味料…5ふり

1 具を入れて温める

鉄鍋に玉ねぎ、もやし、鶏肉の順に入れて火にかけ、鍋を熱々に温める。

2 調味料を加えて煮る

砂糖を周りにふり、残りの調味料を加える。全体を混ぜながら、中火で火が通るまで煮る。

＊味変で七味唐辛子、柚子こしょう、練りわさびも。

POINT

鶏肉を上にのせ、野菜に脂を吸収させて。溶き卵につけて食べるのがおすすめ。

〆は？

うどん

ごま、小ねぎを入れて煮込みうどんに！

94

きのこのうまみと歯ごたえで満腹！

やせるきのこ鍋

材料（1～2人分）

具

お好きなきのこ（ほぐす）…350g
油揚げ（細切り）… 2枚
長ねぎ（斜め薄切り）…½本（60g）

鍋つゆ

かつお粉（P 6）… 5g
水…650㎖
酒…大さじ 1
塩…小さじ 1
しょうゆ…小さじ 2
うまみ調味料… 7ふり

〆は？

雑炊

うどん

ラーメン

POINT

きのこからもしっかりだしが出るので3種くらい使うとおいしいよ。

1 鍋つゆと具を煮る

鍋に鍋つゆの材料、きのこ、油揚げを入れて火にかけ、沸いたら数分煮る。長ねぎを加えて軽く煮る。

＊味変でレモン汁、七味唐辛子を。

材料ぶち込んで煮るだけで優勝！

至高の塩もつ煮

材料(1〜2人分)

具

豚もつ(下ゆでしたもの)…300g
大根(薄いいちょう切り)…300g
にんにく(つぶす)…1玉
しょうが(薄切り)…20g

鍋つゆ

水…600㎖
酒…100㎖
中華スープの素(ペースト)…小さじ1
白だし・みりん…各大さじ1
塩…小さじ½
黒こしょう…多め

1 具と鍋つゆを煮る

鍋に豚もつ、大根、にんにく、しょうが、鍋つゆを入れて火にかける。
沸騰したら、ふたをして弱中火で1時間煮る。

*好みで七味唐辛子、小ねぎを散らす。

POINT

にんにくを1玉入れるのは、実家のもつ煮の作り方がルーツ。

96

卵を具として食べるコスパ最強鍋！

煮たまご鍋

材料（1～2人分）

具

卵… 4個
長ねぎ（斜め薄切り）… ½本（60g）

鍋つゆ

かつお粉（P6）… 4g
うまみ調味料… 7ふり
水… 350㎖
しょうゆ・みりん… 各大さじ1
塩… 小さじ½
砂糖… 小さじ1

仕上げ

小ねぎ（刻む）・天かす・七味唐辛子… 各適量

1 鍋つゆと具を煮る

鍋に鍋つゆの材料、長ねぎを入れて火にかけ、沸騰したら、卵を割り入れる。煮えたら、小ねぎ、天かす、七味唐辛子をかける。

〆は？

うどん

スープが
余ったら
うどんに！

POINT

卵の煮え具合はお好みで。ご飯にのせて食べてもうまいよ。

121

POINT

酒を加えたら、鶏肉のゼラチン質でスープが白濁してとろっとするまで煮詰めて。

97

ねぎがトロトロ！ 鶏の感動的なうまさ！

鶏パイタン鍋

材料(1〜2人分)

具

鶏もも肉(一口大のそぎ切り)
　…300〜350g
にんにく(粗みじん切り)…2片
長ねぎ(斜め切り)…2本
塩…小さじ⅓
サラダ油…大さじ1

鍋つゆ

酒…100㎖
水…150㎖
中華スープの素(ペースト)…小さじ1

＊中華スープの素は鶏ガラスープの素小さじ1½
でもOK。

仕上げ

白いりごま…適量

1 鶏肉、にんにくを炒める

フライパンにサラダ油を熱し、鶏肉を入れて塩をふり、皮目をパリッと焼く。返したら、にんにくも加えて柴犬色に炒める。

2 酒を加えて煮詰める

酒を加えて強火で沸かし、半量くらいまで煮詰める。

3 長ねぎ、鍋つゆを加えて煮る

長ねぎ、残りの鍋つゆの材料を加え、ふたをして中火で10〜15分煮る。ごまをかける。

＊食べるときに好みで塩少々をふって。味変で
　柚子こしょうも。

〆は？

ラーメン

小ねぎ、
黒こしょう、
ごまで
ラーメンに！

シーフードミックスの力に感服！

98 海鮮豆腐チゲ

材料（1〜2人分）

具

冷凍シーフードミックス
　（塩水に浸けて解凍する）…150g
にんにく（すりおろし）…1片
キムチ…100g
絹豆腐（スプーンで一口大にすくう）
　…150g
長ねぎ（斜め切り）…60g
ごま油…小さじ2

鍋つゆ

水…300mℓ
酒…大さじ1
コチュジャン…小さじ2
鶏ガラスープの素…小さじ1⅓

仕上げ

ごま油…小さじ1

〆は？

（雑炊）

（うどん）

1 にんにく、キムチを炒める

フライパンにごま油を熱してにんにくを炒め、香りが立ってきたら、キムチも加えて炒める。

2 鍋つゆと残りの具を加えて煮る

1を鍋に移し、鍋つゆの材料、シーフードミックス、豆腐を加える。沸騰したら長ねぎを加えて軽く煮て、仕上げのごま油をまわしかける。

POINT

キムチは水分がとぶまで炒めると、うまみが凝縮しておいしくなるよ。

123

ご飯にも合う、しょうゆ風味の和マーボー！

99 土鍋豆腐

材料（1～2人分）

具

豚ひき肉…120g
にんにく（みじん切り）…5g
しょうが（みじん切り）…5g
木綿豆腐（一口大に切る）…300g
キクラゲ（湯で戻して食べやすく切る）…5g
塩・こしょう…各少々
ラード（またはサラダ油）…小さじ2

鍋つゆ

水…180mℓ
酒…大さじ1
オイスターソース・しょうゆ…各小さじ2
鶏ガラスープの素…小さじ1
こしょう…適量

仕上げ

酒…大さじ1½
片栗粉…小さじ2
ごま油…大さじ½
小ねぎ（刻む）・ラー油
　…各適量

1 豚ひき肉を炒める

鍋にラードと豚ひき肉を入れて塩・こしょうをふり、炒める。色が変わったら、にんにく、しょうがも加えて炒める。

2 具と鍋つゆを加えて煮る

鍋つゆの材料、豆腐、キクラゲを加え、沸いたら、酒で溶いた片栗粉を加えてとろみをつける。ごま油をまわし入れ、小ねぎ、ラー油をかける。

POINT

ラードで炒めるとコクがアップ。キクラゲは食感がよいのでぜひ入れて。

100

鶏のだしが出て
高級感のあるスープに!

塩雑煮

材料(1~2人分)

具

鶏もも肉(一口大に切る)…170g
大根(皮つき・薄いいちょう切り)…100g
にんじん(皮つき・薄い半月切り)…80g
切り餅…3個

鍋つゆ

水…500mℓ
酒…大さじ1½
塩…小さじ½
鶏ガラスープの素…大さじ½
かつお粉(P6)…3g

仕上げ

小ねぎ(刻む)…適量

1 具と鍋つゆを煮る

鍋に鶏肉、大根、にんじん、鍋つゆの
材料を入れて火にかけ、沸騰したら、
ふたをして中火で15分煮る。

2 餅を加える

餅を加え、柔らかくなるまで煮たら、
小ねぎをふる。

*好みで塩、山椒で食べる。

POINT

大根とにんじんは皮つきでOK。
薄切りにすると早く煮えるよ。

索引

リュウジ

料理研究家。2020年、2022年「料理レシピ本大賞 in Japan」大賞受賞。食品メーカーやスーパーマーケットとのタイアップによるレシピ開発、TVやWEBメディアに多数出演。「今日食べたいものを今日作る」をコンセプトに、身近な材料と調味料で、他にないアイデアあふれる料理をYouTubeやSNSに日々投稿。誰でも作りやすい料理は幅広い層に爆発的に人気。

YouTube　料理研究家リュウジのバズレシピ
X(旧Twitter)　@ore825
Instagram　@ryuji_foodlabo

至高の鍋
黄金の配合つゆで〆までおいしい
一生モノレシピ100

2023年10月19日　初版発行

著者　リュウジ
発行者／山下 直久
発行／株式会社KADOKAWA
〒102-8177　東京都千代田区富士見2-13-3
電話0570-002-301(ナビダイヤル)
印刷所／TOPPAN株式会社
製本所／TOPPAN株式会社

●お問い合わせ
https://www.kadokawa.co.jp/(「お問い合わせ」へお進みください)
※内容によっては、お答えできない場合があります。
※サポートは日本国内のみとさせていただきます。
※Japanese text only

定価はカバーに表示してあります。